August Mittag

Erzbischof Friedrich von Mainz und die Politik Ottos des Großen

August Mittag

Erzbischof Friedrich von Mainz und die Politik Ottos des Großen

ISBN/EAN: 9783743447844

Hergestellt in Europa, USA, Kanada, Australien, Japan

Cover: Foto ©ninafisch / pixelio.de

Weitere Bücher finden Sie auf **www.hansebooks.com**

ERZBISCHOF FRIEDRICH VON MAINZ UND DIE POLITIK OTTOS DES GROSSEN.

INAUGURAL-DISSERTATION

ZUR

ERLANGUNG DER DOCTORWÜRDE

DER

HOHEN PHILOSOPHISCHEN FACULTÄT

DER

VEREINIGTEN FRIEDRICHS-UNIVERSITÄT

HALLE-WITTENBERG

VORGELEGT VON

AUGUST MITTAG

AUS BERLIN.

HALLE A. S.,
HOFBUCHDRUCKEREI von C. A. KAEMMERER & CO.
1895.

Die hervorragenden Fähigkeiten Ottos des Grossen als Staatsmann und Politiker zeigen sich nicht zum geringsten in dem Scharfblick, mit dem er frühzeitig diejenigen Männer erkannt und berufen, welche Jahrzehnte hindurch in unerschütterlicher Treue und mit glänzendem Erfolge, ein jeder in seiner Weise, an den Aufgaben des Staates und der Kirche mitgearbeitet. Obenan stehen die Namen Brun und Adaldag, Herrmann und Gero. Mögen auch durch ihre Berufung berechtigte Interessen verletzt worden sein, und mag so die Politik der Regierung selbst den Ausbruch jener grossen Aufstände in der ersten Hälfte der Regierung Ottos mitverschuldet haben, der endliche Erfolg der Reichsregierung, ihr Sieg auf der ganzen Linie, rechtfertigt die Berufung dieser Männer durchaus.

In einem Manne jedoch hat sich Otto schwer getäuscht, in Friedrich von Mainz. Nicht ohne des Königs [1]) Zuthun war ihm das vornehmste und mächtigste Erzbistum Deutschlands übertragen worden. Als Erzbischof, sodann als Erzkapellan und als päpstlicher Vikar für Deutschland, vereinigte er eine Machtfülle, die, mochte sie im Dienste des Königs Verwendung finden oder der Opposition zu gute kommen, in jedem Falle schwer ins Gewicht fiel, mochte ihr Träger eine bedeutende Persönlichkeit sein oder nicht. Friedrich wurde ein consequenter Gegner Ottos.

Die moderne Historiographie hat sich mit dieser Haltung des Erzbischofs oft beschäftigt. Die Urteile lauten

1) Hauck, Die Entstehung der bischöflichen Fürstenmacht. Herbstprogramm der Leipziger Universität 1891, pag. 25.

— 4 —

wenig schmeichelhaft. Die einen[1]) nennen ihn schroff,
hartnäckig, ränkesüchtig, arglistig, heuchlerisch und intrigant,
andere[2]) launenhaft, wankelmütig, empfindlich, eigensinnig,
ohne die Frage nach den Motiven seiner Opposition auch
nur aufzuwerfen. Reservierter äussert sich Maurenbrecher[3])
bei der Besprechung des Ludolfinischen Aufstandes 953:
„Erzbischof Friedrich ist eine so räthselhafte Erscheinung
für uns, den unsere Quellen alle durchaus vorsichtig be-
handeln, dessen Absichten wir in diesem Quellenbefunde
sicher nie errathen werden", und an anderer[4] Stelle „.... der
Erzbischof Friedrich von Mainz, dessen Bild in den Quellen
der Zeit so unbestimmt gezeichnet ist und dessen Ziele uns
so unklar bleiben, dass wir von ihm nur Eins festhalten
können: er war ein frommer, vortrefflicher Mann, aber ein
beständiger Gegner alles dessen, was Otto wollte. Er hat
stets den Mittelpunkt aller Opposition gebildet, er ist stets
der Freund der Feinde gewesen. Schliesslich sei noch des
Urteils des kompetentesten Kenners gedacht, Dümmlers,
des Herausgebers der Jahrbücher[5]) unter Otto I.: „.... Ein
Mann, für dessen Bestrebungen uns der Schlüssel fehlt, da
wir seine politischen Irrgänge nicht mit seiner den Zeitgenossen ehrwürdigen Persönlichkeit und seinem lebhaften
kirchlichen Eifer zusammenreimen können. Jede bestimmte
Andeutung über seine eigenen Zwecke, mögen sie eine
grössere Selbständigkeit der Kirche oder was immer betroffen
haben, bleibt uns vorenthalten." „Wir vermögen daher nur

1) Böhmer-Will, Regesten zur Geschichte der Mainzer Erzbischöfe XXXIII; Giesebrecht, Gesch. der deutschen Kaiserzeit, 5. Auflage, 387; Dümmler, Jahrbücher der deutschen Gesch. 215, 216 und
Allgemeine deutsche Biographie 551; Lamprecht, Deutsche Geschichte
II., 146, 147, 205.

2) Rommel, Forschungen zur deutschen Gesch. 4, 130, 142; Vogel,
Ratherius von Verona, I, 175, 176.

3) Forschungen 4, 595.

4) Sybel, Histor. Zeitschrift 1861, 138. Ähnlich Manitius,
Deutsche Gesch. 124.

5) Jahrbücher unter Otto I., 240 und Deutsche Biogr. 551. Dazu Var-
rentrapp, Zur Geschichte d. deutschen Kaiserzeit, Sybel H. Z. 1882, 391.

in das verwerfende Urteil der siegreichen Partei einzustimmen." Ich vermag mich diesen Auffassungen nicht anzuschliessen. Schon vor Jahren wurde geraten [1], „in unserem Urteil über Friedrich vorsichtig zu sein, zumal da wir als Grundzug in der Politik Friedrichs die Rolle des Vermittlers erkannt zu haben glauben, die freilich meist recht undankbar ist und oftmals wider Willen zu Thaten treibt, die ursprünglich kaum an und für sich, noch weniger aber in ihren Konsequenzen, in Rechnung gebracht worden waren." Diesen Standpunkt acceptiere ich schon eher, ohne jedoch an eine Vermittlerrolle [2]) Friedrichs zu glauben.

Den genannten Forschern erlaube ich mir in Kürze zunächst zweierlei zu erwidern. Es sind ganz bestimmte Punkte, in denen Friedrich und Otto zweiten. Es handelt sich unter anderen um eine Frage von prinzipieller Bedeutung, deren Diskussion noch heute, nachdem sie fast ein Jahrtausend hindurch mit nur kurzen Unterbrechungen die Politiker beschäftigt, sofort den schärfsten Gegensatz der Geister zu entzünden vermag, ich meine die Frage über das Verhältnis von Staat und Kirche. Dazu kommen Differenzen mehr örtlicher Natur, welche das Erzstift Mainz selbst angehen, dessen Interessen Friedrich wiederholt verletzt und bedroht glaubt. Wohl mögen rein persönliche Momente die politischen Gegensätze verschärft haben, aber das erscheint ausgeschlossen, dass nur sie allein die Opposition Friedrichs bedingen, und dass er nur aus Launenhaftigkeit, aus Eigenwillen u. a. die Politik des Königs bekämpft hat.

Sodann, so dürftig, lückenhaft und einseitig auch unsere erzählenden Quellen über Friedrich berichten, eine [3]) unter ihnen lässt doch deutlich erkennen, worin Friedrich und

---

1) Dierauer, Untersuchungen zur mittleren Geschichte, herausgegeben von Büdinger: Böhmer-Will, Re. XXXIII.
2) Hauck, Kirchengeschichte III, 1. 33 ff.
3) Ruotgeri Vita Brunonis, Pertz, Schulausgabe, 1890.

Otto prinzipielle Gegner waren. Von dieser Quelle ausgehend, hat bereits Hauck[1]) das Rätsel zu lösen begonnen.

Dies führt mich zu einer kurzen Besprechung der erzählenden Quellen unserer Periode im allgemeinen, derjenigen, welche der politischen Haltung Friedrichs von Mainz gedenken, im besonderen.

Jeder, der sich mit Problemen der Ottonengeschichte befasst, empfindet sofort das Trümmerhafte der Quellenüberlieferung aufs schmerzlichste. Indessen auch die Erkenntnis so mancher anderen Epoche hat hierunter zu leiden. Schlimmer ist, dass die Geschichtschreibung jener Zeit an sich unzulänglich und lückenhaft ist. Gerade die Zeit der Kaiser aus sächsischem Hause hat ihr grosse Aufgaben gestellt. Sie war reich an grossen politischen Ideen, an deren Verwirklichung geniale Männer arbeiteten. Die Politik der Ottonen betrat ganz neue Bahnen, welche für das deutsche Volk, für Staat und Kirche von folgenschwerster Bedeutung waren. Aber wie wenig vermögen wir aus den Quellen zu entnehmen. Wie oberflächlich ist alles aufgefasst. Fast allen fehlt der umfassende Blick über das ganze Reich Kurz abgerissen erzählen sie Jahr für Jahr mit wenigen Worten nur die Äusserlichkeiten und folgenreichsten Ereignisse, um dann über die unbedeutendsten und gleichgiltigsten Dinge der engeren Heimat desto eingehender[2]) zu berichten. Über die Absichten und Ziele der Handelnden, über die politischen Voraussetzungen der Entschliessungen und Ereignisse teilen sie so gut wie nichts mit. Nirgends ist klar und unzweideutig ausgesprochen, welche Pläne die Reichsregierung leiteten, welches ihr Programm war auf

---

1) Kirchengeschichte III, 1, 33 ff. Soviel ich im allgemeinen sowohl wie im speziellen für die vorliegende Arbeit diesem vorzüglichen Werke, dem besten mit, was über das 10. Jahrhundert geschrieben, verdanke, so muss ich doch aussprechen, dass mir die Bedeutung Ruotgers für das Verständnis Friedrichs schon vorher bekannt war.

2) Wattenbach, Geschichtsquellen, 6. Aufl. 327 u. o.; vergl. ausserdem die trefflichen Einleitungen in den „Geschichtschreibern der deutschen Vorzeit".

den verschiedensten Gebieten des damaligen öffentlichen
Lebens, welche Massregeln man zu seiner Verwirklichung
ergriff, und welche Männer[1]) den bestimmenden Einfluss im
Rate des Königs ausübten. Wichtige Fragen des Kirchenrechts finden ebensowenig
Beantwortung wie solche des Staatsrechts. Nur durch
Kombination und gestützt auf die Zeugnisse der Urkunden
vermögen wir greifbare und deutliche Vorstellungen zu ge-
winnen von der prinzipiellen Stellung der Reichsregierung
z. B zur Kirche und deren Organen, von dem Anteil des
Königs an der Erhebung der Erzbischöfe und Bischöfe, von
jenen Massregeln vor allem, durch welche der deutsche
Episcopat schliesslich zu reichsfürstlicher Stellung gelangte.
Der Begriff Immunität wird kaum erwähnt, geschweige denn
seine hohe Bedeutung für die Entwicklung des Reichs gewürdigt, obwohl doch schon damals dem aufmerksamen
Beobachter nicht entgehen konnte, welch grosse Ver-
änderungen in den öffentlichen Verhältnissen durch die immer
zunehmende Verbreitung der Immunität und die schnelle
Vermehrung der Immunitätsherrschaften vor sich gingen.

Noch viele andere Fragen von nicht minderer Bedeutung liessen sich aufwerfen, über welche wir ebenfalls
keinen oder nur ungenügenden Aufschluss bekommen. Nur
an eine Lücke möchte ich noch erinnern. Nur gelegentlich
und vereinzelt begegnen in den Quellen Nachrichten über
die Reichskanzlei[2]), jene wichtige und einzige Centralstelle

---

1) Nur Brun von Köln und Udalrich von Augsburg haben das
Glück gehabt, Biographen zu finden, welche ihre Bedeutung für Kirche
und Reich in grossen Zügen schildern. So dankbar wir dies anerkennen, von der wahren Grösse dieser Männer, im besonderen Bruns,
liefern erst die Urkunden greifbare Vorstellungen. Darüber weiter
unten. Auch über Herrmanns von Sachsen staatsrechtliche Stellung
und Bedeutung sind die erzählenden Quellen geeignet, leicht schiefe
Vorstellungen zu erwecken. Über ihn Exkurs 2.
2) Sickel, Beiträge VII, 8 u. o.; Kehr. Die Urkunden Otto's III.
18 ff. und Sybels hist. Z. 1891, 391 ff.; Seeliger, Erzkanzler und Reichs-
kanzleien 2.

des Reichs, in welcher die wichtigsten politischen Entschliessungen der Könige urkundliche Form erhielten, und
welche durch zahlreiche Fäden und Beziehungen mit dem
öffentlichen Leben verbunden war. Hier erhielt so mancher
junge Kleriker seine erste politische Schulung, der nachher
als Bischof oder Erzbischof dem Reiche und der Kirche
zur Zierde gereichte. Sie wurde zu einer Pflanzstätte jener
jüngeren Richtung des deutschen Episcopats, welche sich
willig und gern von ihrem König auf die neuen Bahnen
seiner kühnen Staats- und Kirchenpolitik führen liess, und
durch welche die Verwirklichung seiner politischen Ideale
überhaupt erst möglich wurde. Trotzdem also die Reichskanzlei ein Institut von eminent politischer Bedeutung war,
so erhalten wir dennoch über sie so gut wie keine Kunde.
Wir verdanken allein der Diplomatik einen Einblick in ihre
Organisation und Arbeitsweise. Nur sie giebt Aufschluss
über die wechselnden Persönlichkeiten, welche als Kanzler
an der Spitze der Geschäfte stehen und als solche einen
bedeutenden Einfluss ausüben. Ich möchte das Schweigen
der Quellen in diesem Falle weniger daraus[1]) erklären,
dass sich die Besorgung des Urkundenwesens den Augen
der Zeitgenossen entzogen. Von so manchem Kloster lassen
sich enge Beziehungen zum Hofe nachweisen. Ausnahme
gewiss nur war es sodann, wenn in den Archiven der Klöster
und Bistümer es an urkundlichen Zeugen königlicher Gunst
und Huld gebrach. Dann hatte doch so mancher Mönch, Abt
und Bischof ni der Kanzlei und Kapelle gedient. Das
Schweigen der Quellen erklärt sich, wie in so manchen
anderen Fällen, eher daraus, dass man solche Dinge als bekannt voraussetzte. Auch andere Formen der Überlieferung
erscheinen uns nicht selten lückenhaft. So sprechen sich z. B.
die Immunitätsprivilegien, welche doch in der Reichskanzlei
von rechtskundigen Männern ausgefertigt sind, bald genauer,
bald weniger genau über die Rechtsverhältnisse aus, die
durch sie begründet werden sollten. Es möchte bald

scheinen, als wäre dem einen Empfänger ein grösseres
Mass von Rechten verliehen worden als dem anderen. Und
doch war die Immunität ein feststehender Begriff von
Rechten, der jedem Zeitgenossen bekannt war, und die
Kanzlei brauchte nicht zu fürchten, missverstanden zu
werden, auch wenn sie in den Diplomen sich weniger aus-
führlich über sie aussprach. Wichtiger, sowohl an sich wie für die Beurteilung und
das Verständnis der bisher gerügten Mängel unserer Quellen,
ist ein anderer Umstand.
Alle Historiker jener Zeit gehören nur Einem Berufs-
kreise an, und die Anschauungen dieses einen Kreises
spiegeln ihre Werke wieder[1]). Nur im geistlichen Stande
gab es Bildung und Gelehrsamkeit, nur Kleriker schrieben
Geschichte, und fast nur für Kleriker schienen sie zu
schreiben. Daher der für uns so schmerzliche Verzicht
auf die politischen Motive und Tendenzen der Handelnden.
Sie alle vermögen Politik und Religion nicht zu scheiden,
nur nach religiösen und moralischen Gesichtspunkten urteilen
sie, und nur für persönliche Interessen lassen sie ihre Helden
kämpfen. Nur selten begegnet ein schwacher Anlauf, die
historischen Materialien aus höheren Gesichtspunkten prag-
matisch zu verknüpfen. Höchstens um persönliche Gegensätze, die der Teufel erzeugt, handelt es sich bei den vielen
Aufständen gegen die Reichsgewalt. Dass politische Hand-
lungen auch politischen Tendenzen entspringen können,
scheint ihnen fremd zu sein, und so erzählen sie harmlos
und unvermittelt Thatsachen und Geschehnisse, wo logische
Verknüpfung unschwer System und Prinzip erkennen lässt.
Von nicht geringer Bedeutung für die Erkenntnis der
politischen Tendenzen und Störungen unserer Epoche ist
ein anderer Charakterzug der Quellen.
Nach ihrer Auffassung und dem Geiste ihrer Darstellung
spiegeln sie ausnahmslos die am Hofe massgebende Richtung
wieder. Ihre Verfasser haben fast sämtlich mit dem Hofe

[1]) Gundlach, Heldenlieder der deutschen Kaiserzeit 1894, S. 7 ff.

der Ottonen in Verbindung gestanden oder doch mit einzelnen Gliedern der königlichen Familie. Namentlich in Sachsen ist die Einwirkung des Hofes sicher. Sie alle sind erfüllt von Bewunderung und Anerkennung, von Hingebung und Ergebenheit für Ottos Grösse, dessen Verherrlichung gleichsam als das letzte Ziel aller Geschichtschreibung jener Zeit erscheint. Otto ist der Gesalbte des Herrn, von Gott bestellt, um Staat und Kirche mit unumschränkter Machtvollkommenheit zu lenken. Dass seine Weisheit, Kraft und Tapferkeit für Kirche und Staat stets nur Gutes schaffen, steht für sie alle so fest, dass es einer Rechtfertigung der kaiserlichen Politik für sie selbst nicht bedarf.

Dem entsprechend verfahren sie mit der Opposition. Dass man über Konflikte am Hofe leicht hinweggeht und die grossen Gegensätze daselbst zu verwischen bestrebt ist, nimmt bei höfischer Geschichtschreibung nicht Wunder. Freilich so ganz vermag man die ärgerlichen Vorgänge nicht zu verschweigen, denn in aller Gedächtnis steht die Untreue von Bruder, Sohn und Schwiegersohn. Desto leichter macht man es sich mit der Motivierung dieser Begebenheiten, indem man sie nur aus persönlichen Gegensätzen hervorgehen oder den Teufel den Samen der Zwietracht säen lässt. Bequemer liessen sich unzufriedene Strömungen am Hofe [1]) vertuschen, wenn solche nicht zur Gewalt führten.

Aber auch ausserhalb der Hofkreise gab es eine starke Opposition, welche mit Richtung und Zielen der kaiserlichen Politik nicht einverstanden war. Ich meine nicht die Vertreter centrifugaler Tendenzen, welche aus egoistischen Gründen dem centralisierendem Prinzipe Ottos widerstrebten. Auch unter der Geistlichkeit, welche sich königlicher Gunst in so hohem Masse erfreute, deren Mitglieder die einfluss-

---

1) So findet sich in keiner der erzählenden Quellen auch nur eine Spur von dem Antagonismus Wilhelms gegen Vater und Bruder. Wilhelm setzt als Erzbischof von Mainz die Opposition seines Vorgängers Friedrich gegen die Politik seines Vaters und Bruders mit grösster Erbitterung fort. Darüber unten mehr.

reichsten Stützen der Reichsregierung geworden waren. und
aus deren Reihen so beredte Lobredner kaiserlicher Grösse
und Herrlichkeit erstanden. — auch unter ihr gab es eine
Richtung, welche die von Otto betretenen Bahnen[1] entschieden bekämpfte. Über die Tendenzen dieser Opposition
sind wir nur spärlich unterrichtet. Keine Quelle ist erhalten. welche von diesen Kreisen beeinflusst. die Ansichten
der Gegner klar und deutlich im Zusammenhange erkennen
liesse. Und es findet sich auch. soweit ich sehe. kein
sicherer Anhalt dafür. dass die gegnerische Richtung überhaupt zur Feder gegriffen und die Geschichte der Zeit von
ihrem Standpunpt aus geschrieben[2] hätte. Nur die politische
Richtung der Ottonen hat sich auf dem Gebiete der Geschichtschreibung bethätigt und ihre Bischöfe der Nachwelt
überliefert. So bedauerlich dies ist und für uns hinderlich.
eine klare Vorstellung von jener Epoche zu gewinnen. so
ist doch diese absolute Beherrschung der geistlichen Litteratur
durch die Anschauungen des Hofes und der Regierung eines
der glänzendsten Zeugnisse. in welchem Grade es Otto gelungen war, die Kirche mit seinem Geiste zu erfüllen und
für seine Politik zu gewinnen

Innerhalb dieses allgemeinen Charakterzuges der Ottonischen Quellen hat jede einzelne ihre besonderen Eigentümlichkeiten. Für uns kommen in Betracht Widukind und
Ruotger, der Continuatur Reginonis und Liudprand. Zunächst Widukinds[3] Sachsengeschichte.

Widukind gilt allgemein[4] als der bedeutendste und
vornehmste Geschichtschreiber des 10. Jahrhunderts. Seine
Vorzüge und Mängel sind oft gewürdigt worden. Mir kommt
es hier nur darauf an. den Nachweis zu liefern. dass er den

1) Dafür ist wichtig Ruotger.
2) Dieraners Annahme (32. 33). dass Routger oppositionelle
Streitschriften vor sich gehabt. lässt sich nicht beweisen.
3) Widukindi rerum gestarum saxonicarum libri tres. editio
tertia 1892.
4) v. Ranke. Weltgesch. 6, II, 195: Gundlach. 113.

Ruhm [1]), unbefangen geschrieben zu haben, nicht verdient. Die Art und Weise, wie er über Friedrich von Mainz berichtet, zudem so manche Lücke in seinem Werke, die keineswegs aus Unkenntnis zu erklären ist, lässt deutlich erkennen, dass er zuweilen weniger sagt, als er weiss, und dass bestimmte Rücksichten ihm Schranken und Zurückhaltung auferlegen.

Seine politische Stimmung kann nicht zweifelhaft sein. Er ist wie kaum ein anderer Geschichtschreiber von dem Zauber des Ottonischen Königtums umfangen, er ist ein unbedingter Anhänger der königlichen Politik. Er billigt vor allem rückhaltlos die Bethätigung der Geistlichkeit auch auf staatlichem Gebiete. Dies geht unzweideutig aus dem, was er über Erzbischof Brun, des Königs Bruder [2]), sagt, hervor: genuit . . . Mathilda . . . tertium (sc. filium) quoque nomine Brunonem, quem pontificis summi ac ducis magni vidimus officium gerentem. Ac ne quis eum culpabilem super hoc dixerit, cum Samuhelem sanctum et alios plures sacerdotes pariter legamus et iudices.

Nicht weniger charakteristisch ist die Anerkennung, welche er an anderer Stelle [3]) Bruns Thätigkeit zollt: iunior vero fratrum domnus Brun magnus erat ingenio, magnus scientia et omni virtute ac industria. Quem cum rex prefecisset genti indomitae Lothariorum, regionem a latronibus purgavit et in tantum disciplina legali instruxit, ut summa ratio summaque pax illis in partibus locum tenerent.

Noch etwas anderes lehrt die erstere Stelle. Widukind wusste, dass es eine Richtung unter der deutschen Geistlichkeit gab, welche diese Vereinigung politischer und geist-

---

1) Wattenbach, 331; Ebert, Allgem. Gesch. der Litteratur des Mittelalters. III, 433.

2) I, 31. Ganz ebenso rechtfertigt Ruotger, c. 23 Bruno. Fast möchte man an eine Abhängigkeit Widukinds von diesem denken, wenn sich sonst Beziehungen nachweisen liessen: nec vero nova fuit huius mundi gubernatio aut sanctae Dei aecclesiae rectoribus antea inusitata; cuius exempla si quis requisierit, in promptu sunt.

3) II, 36.

licher Pflichten als unkanonisch verwarf und bekämpfte.
Wunder nehmen nun müsste es, wenn Widukind unbekannt
geblieben sein sollte. dass vor allem[1] Friedrich von Mainz
diesen oppositionellen Standpunkt vertrat. Wir müssen bei
Widukind diese Kenntnis um so mehr voraussetzen, als
Friedrich sein Erzbischof war, und andererseits Korvei von
jeher in engster Verbindung mit dem Hause der Ludolfinger
stand. Auf einem von beiden Wegen muss dem Kloster
Kunde davon zugegangen sein. Ja. ich möchte noch weiter
gehen, jene Worte scheinen geradezu auf Friedrich gemünzt
zu sein.

Standen Widukind und Friedrich also in dieser wichtigen Prinzipienfrage auf entgegengesetztem Standpunkte.
so wurde der Mönch von Korvei noch auf einem anderen,
seine eigensten Interessen berührenden Gebiete, Friedrichs
Gegner und Feind. Es handelt sich da um die Stellung
der Klöster zur Diözesangewalt.

Eingehend schildert der Mönch in zwei[2] Kapiteln die
den Klöstern feindseligen Bestrebungen Friedrichs. Wie in
jener[3] Zeit durch diesen und andere Bischöfe eine schwere
Verfolgung über die Mönche hereingebrochen. weil jene
Männer es für besser erachteten, dass nur wenige, durch
rühmlichen Lebenswandel sich auszeichnende Mönche im
Kloster wären. als viele träge. „Wenn ich nicht irre.'' so
beurteilt[4] er dieses Motiv der Bischöfe unter Beziehung
auf Matth. 13, 39. „des Hausvaters nicht gedenkend, welcher
seinen Knechten wehrte, das Unkraut auszujäten. sondern
gebot. beides miteinander wachsen zu lassen bis zur Zeit
der Ernte, das Unkraut und den Weizen.'' Daher hätten

1) Über Friedrichs kirchenpolitischen Standpunkt unten.
2) II. 37, 38. Später komme ich auf diese Frage noch einmal
zurück. Hier unterlasse ich eine Kritik Widukinds. denn es kommt
zunächst nur darauf an, seine Feindschaft mit Friedrich zu erweisen.
3) Etwa 942—950.
4) II. 37 obliti. nisi fallor. sententiae patrisfamiliae prohibentis
servos zizania colligere, sed utraque crescere oportere et Zizania
et triticum usque ad messem.

mehrere das Mönchskleid abgelegt, um dem schweren Joch
der hohen Priester zu entgehen. Indessen sei so mancher
der Meinung gewesen, dass Friedrich nicht aus lauterem
Eifer für die Kirche dies gethan, sondern aus Rachsucht,
um den ehrwürdigen Abt Hadamar von Fulda zu ver-
unglimpfen. Nachdem aber Friedrich gegen einen so vor-
trefflichen Mann auf rechtlichem Wege nichts erreicht, habe
er an den unbedeutendsten Klöstern seine Macht versucht,
um dann auf gleiche Weise gegen die vornehmsten vor-
zugehn[1]. „Aber dergleichen Listen waren umsonst ver-
schwendet."

So unverhohlen Widukind in diesem Zusammenhange
seiner Abneigung gegen Friedrich Ausdruck giebt, so auffällig ist seine Zurückhaltung und Vorsicht, wenn er sonst
auf ihn zu sprechen kommt.

Im Jahre 939 empören sich Eberhard von Franken,
Giselbrecht von Lothringen und des Königs Bruder Heinrich.
Auch Ludwig von Frankreich fällt in das Elsass ein. Er
wird zwar vertrieben, aber die Lage des vor Breisach
lagernden Königs bleibt eine kritische. Infolge der Mut-
losigkeit entfernen sich viele heimlich aus dem Lager, auch
die geistlichen Fürsten, darunter Friedrich und Bischof
Rothard von Strassburg, lassen ihre Zelte und alle Geräte
im Stich und fallen vom König ab. So berichten Widukind,
Liudprand und Continuator ziemlich übereinstimmend[2]: nur
hören wir nichts von den Gründen), durch welche die
Bischöfe, namentlich Friedrich, bestimmt werden. Nur[4]
Widukind sagt: defectionis causam edicere et regalia misteria
pandere, super nos est, verum historiae satisfaciendum arbitramur: quicquid in hac parte peccemus veniabile sit.
„Den Grund des Abfalls mitzuteilen und das königliche

---

1 II, 38 sed huiuscemodi simulationes incassum profusae.
2) Werra, Über den Continuator Reginonis, Leipziger
Diss. 1883, 12.
3 Böhmer-Ottenthal, Regesten No. 78 b.
4) II, 25.

Geheimnis zu enthüllen, steht mir nicht zu, doch glaube ich
der Geschichte genügen zu müssen. Lasse ich mir dabei
etwas zu Schulden kommen, so möge man mir es verzeihen."
In mehr als einer Hinsicht ist diese Stelle charakteristisch. In dunklen und gewundenen Worten spricht
Widukind von den Geheimnissen des Königs, die er kennt
und doch nicht mitteilen darf. Er bittet um Verzeihung,
wenn er in dem, was er gleich nachher über die Gründe
des Abtrünnigen mitteilt, fehlen sollte. Das ist nicht der
Standpunkt eines zuverlässigen, unbefangenen und wahrheits-
liebenden Geschichtschreibers. Bestimmte Rücksichten, das
geht aus seinen Worten unwiderleglich hervor, hindern ihn,
das mitzuteilen, was er von seinem persönlichen und politischen
Gegner weiss. Er möchte gern sprechen, aber er darf nicht [1]).

Oben haben wir bereits nachzuweisen gesucht, dass
Widukind um Friedrichs Opposition auf kirchenpolitischem
Gebiete gewusst haben muss. Wir werden unten noch andere
Differenzen zwischen König und Bischof kennen lernen.
Der Nachweis, dass gerade diese[2]) Widukind bekannt gewesen, lässt sich nicht führen. Dass er aber im allgemeinen
wohl orientiert war über die schwebenden Differenzen, zeigt
sowohl die eben citierte Stelle wie eine andere[3]) zum Jahre
953, wo er es ebenfalls ablehnt, die accusatae causae, „die

1) Köpke, Widukind von Korvei 53, interpretiert den Geist
dieser Stelle mit der ihm eigenen Gewandtheit, „genau musste Widukind
abwägen, was gesagt werden konnte, was nicht, und schwerlich durfte
er Alles sagen, was er wusste: daher die Versicherungen, dass er
Staats- und Kabinetsgeheimnisse, regalia misteria, nicht profanieren,
nicht voreilig urteilen wolle, dass man Nachsicht üben möge, wenn
er dennoch irren sollte."

2) Die Beziehung der Worte officio pontificali amisso III, 27
auf den Verlust des Erzkanzleramtes ist nicht gut möglich. Böhmer-
Ottenthal No. 231. Friedrich war als Erzbischof und als Erzkapellan
unabsetzbar. Fest steht nur, dass ihn die Kanzlei längere Zeit ignoriert
und seinen Namen in den Recognitionen zu nennen vermeidet. Die
Worte können nach ihrem Zusammenhange nur heissen „nachdem er
dem bischöflichen Amte entsagt".

3) III, 15, 16.

vorgebrachten Beschuldigungen", die multae ac graves waren,
zu erörtern.

Nur einmal lüftet er den Schleier. Zu den oben er-
wähnten Kämpfen zwischen Klöstern und Bischöfen berichtet[1]
er, wie der König stets auf Seiten jener sich befand und
wie er mit starker Hand die Klosterfreiheiten vor allem
gegen Friedrich zu schützen verstand. Mit sichtlichem Be-
hagen schliesst Widukind seinen Bericht über die Ver-
folgungen, welchen die Mönche, namentlich Hadamar von
Fulda, von Seiten Friedrichs ausgesetzt waren: sed huiuscemodi simulationes incassum profusae. Nam abbas (Hadumar)
in gratia et amicitia regis permansit, et causis intercurrentibus, pontifex quod cogitavit non implevit.

Schliesslich erinnere ich daran, dass Bischof Rothard
von Strassburg, Friedrichs Parteigenosse und Mitver-
schworener, in Widukinds Kloster, in Korvei, interniert
wurde. Nichts liegt näher als die Annahme, dass mit
diesem auch die Kenntnis von den Motiven Friedrichs, dessen
Abfall und Untreue in geistlichen Kreisen sicherlich grosses
Aufsehen erregte, in die stillen Räume des Klosters gelangte.

Warum also das Schweigen des zweifellos gut unter-
richteten Geschichtschreibers? War es Rücksicht auf seinen
Helden, dessen Ruhm und Thaten er mit seltener Begeisterung
und Überzeugungstreue schildert? Das erscheint nach allem,
was gesagt ist, vollkommen ausgeschlossen. Wie wenig im
übrigen höfische Gesinnung auch sonst seine Darstellung
beeinflusst, bezeugen seine Berichte von den Zerwürfnissen
in der königlichen Familie[2]. „Sogar für jene kühnen Recken,
die in unbändigem Trotze lieber alles erdulden, als der
Herrschaft ihres Vaters sich fügen wollten, bezeugt er eine
offenbare Teilnahme, ja Vorliebe; zuletzt, wo er schon zum
Schlusse eilt und selbst das Näherliegende oberflächlich
behandelt, zieht ihn doch noch Wichmanns Trotz und Unter-
gang übermässig an."

1) II, 38.
2) II, 25; Continuator 939.

Leitete den Mönch die dem kirchlichen Oberen schuldige
Achtung und Scheu, auch den politischen und persönlichen
Gegner in ihm zu schonen? Auch das ist ausgeschlossen,
denn Friedrich hatte bereits vor ungefähr zehn Jahren das
zeitliche gesegnet. Somit ist es also Rücksicht auf einen
dritten, welche der Wahrheitsliebe des Geschichtschreibers
Schranken auferlegt[1].

Interessant ist, wie dünn und fadenscheinig Widukind, da
er an der Mitteilung der tiefer liegenden Gründe behindert
ist, um seinem Gewissen als Geschichtschreiber zu genügen,
den Abfall erklärt.

Er erzählt, wie der Bischof zur Herstellung des Friedens
und der Eintracht an Eberhard geschickt wurde, wie er
mit diesem Vereinbarungen traf und für deren Erfüllung
durch den König sich eidlich verbürgte. Der König aber
habe sich durch das, was der Bischof ohne sein Geheiss
gethan, nicht binden lassen, sondern die Forderungen
Eberhards abgelehnt[2]. „Deshalb, weil er gegen Gottes
Wort sich dem Könige als dem Obersten nicht unterwerfen
wollte, sondern sich von ihm entfernte, wurde er wie zur
Verbannung nach Hamburg verwiesen."

Das Unzulängliche dieser Erklärung, die übrigens nur
Widukind darbietet, leuchtet sofort ein. Ich berufe mich
auf Rankes[3] Urteil, der in anderem Zusammenhange hierüber sagt: „. . . . was allerdings äusserlich eine Motivierung
ausmachen würde, aber eigentlich nicht genügt, da man
nicht erfährt, welche Forderungen Eberhard gestellt und
der König verweigert habe". Im übrigen verweise ich schon
hier auf das Jahr 953, wo Friedrich die Rolle des ehrlichen

---

1) Wattenbach, Quellen 331.
2 II. 25 quare quia contra auctoritatem regis quasi precellenti
noluit subici, sed recessit ab eo, in Hammaburgensen urbem quasi in
exilium destinavit, Rothardum vero episcopum Novam Corbeiam direxit.
Die an den Verbannungsort Hamburg anknüpfende Controverse über-
gehe ich, weil sie für unseren Zweck ohne Belang ist. Vergleiche
darüber Dümmler 94, 1; Werra 13 ff. Ich stimme letzterem bei.
3) VIII, 643.

Vermittlers zum zweiten Male spielt, an die Widukind selbst
dort ebensowenig glaubt wie hier.

Zum Jahr 941 berichten die Quellen von einer neuen
Verschwörung gegen Otto. Ihr Haupt war Heinrich, Unzufriedene aus dem Herzogtum Sachsen schlossen sich an.
Man plante, Otto am Osterfeste zu ermorden und die Krone
auf Heinrichs Haupt zu setzen. Auch der inzwischen [1] aus
der Haft entlassene Erzbischof Friedrich wurde verdächtigt,
Teilnehmer am Complott zu sein. Nur eine Quelle, aber
meines Erachtens die vornehmste und zuverlässigste, der
Continuator Reginonis [2], weiss davon zu berichten: Fridericus
archiepiscopus, quia conspirationis huius particeps videbatur,
publica se examinatione, perceptione corporis et sanguinis
Domini, coram populo in ecclesia purgavit. Der Korveier
Mönch gedenkt dieses schweren Verdachtes nicht. Dass er
aber davon wusste, geht aus einer späteren [3] Stelle hervor:
hic (Hadamar von Fulda) pontificem sub custodia tenuit,
secunda coniuratione culpabilem, primum honorifice, sed, cum
litteras ab eo scriptas reprehendisset, satis severe. Durch
diese Worte wird übrigens des Cont. Bericht nicht unwesent-
lich ergänzt; wir erfahren, dass Friedrich damals zum
zweiten Male in Haft genommen wurde.

So wenig wie früher möchte ich auch in diesem
Schweigen eine Rücksichtnahme Widukinds auf den König
oder Friedrich erblicken, als vielmehr fremden Einfluss.

Es folgt der Ludolfinische Aufstand 953. Wieder befindet sich Friedrich auf der Seite der Rebellen. Widukinds
Bericht, vor allem soweit er sich auf Friedrich bezieht,
weicht in bemerkenswerter Weise von den anderen Dar-

---

1) Cont. 940 Friedericus episcopus a Fulda remittitur.

2) Reginonis abbatis Prumiensis Chronicon cum continuatione
Treverensi, recognovit Kurze.

3) II. 38. Dümmler bezieht die Worte secunda coniuratione auf
Eberhards zweite Auflehnung i. J. 939. Ich schliesse mich Werras
Auffassung an (pp. 15, 17), welcher unter Berücksichtigung des ganzen
Zusammenhanges eine zweite Verschwörung Friedrichs annimmt. Vgl.
Böhmer-Ottenthal, Regesten No. 78b, 94.

stellungen ab. Er lautet für Friedrich abermals ungleich
günstiger. Nicht erwähnt ist des Erbischofs erfolglose
Mission an Papst Agapit, wie er bald darauf, noch in dem-
selben Jahre, heimlich und ohne Wissen des Königs mit
Liudulf Italien[1]) verlässt und in Saalfeld, in verdächtiger[2])
Gesellschaft, das Weihnachtsfest feiert. Wie er später dann
Mainz den Empörern[3]) tradiert, sich schliesslich nach Breisach
begiebt, dem alten „Verschwörernest“, und dort den Sommer
hindurch aufhält, um in Sicherheit den Ausgang der weiteren
Kämpfe abzuwarten.

Dafür ergänzt Widukind die anderen Berichte in einem
wichtigen Punkte, indem er, freilich 'abermals in dunklen
und geschraubten Worten, von den Motiven Friedrichs spricht.
Wieder tritt der Erzbischof als Vermittler auf. Liudolf und
Konrad, die ihre verbrecherischen Pläne verraten sehen[4]),
purgandi locum criminis cum consilio pontificis petunt et
impetrant. In Mainz findet die Zusammenkunft zwischen
König und Rebellen statt. Hier willigt der König, weil er sich
völlig in ihrer Gewalt sieht, in einen Vertrag ein: qui
(Liudolf und Konrad) licet sceleris manifeste arguerentur,
paruit tamen rex eorum sententiis in omnibus locorum tempo-
rumque angustia. Auch der Continuator berichtet von einer
Zusammenkunft: Friderico archiepiscopo iam cum illis con-
spirante vix urbis ingressum obtinuit. Tunc Liudolfus et
Cuonradus ibi ficta ad eum humilitate, ut post claruit,

1) Böhmer-Ottenthal No. 201 a, 211 a; Dümmler 200.
2) Cont. 952. Liudolfus dux de Italia revertens regio ambitu
natale Domini Salefeld celebravit, ubi Fridericum archiepiscopum om-
nesque, qui in promptu erant, regni maiores secum detinuit. Quod
convivium iam multis suspitiosum coepit haberi, et plus ibi destructionis
quam utilitatis ferebatur tractari.
3) Cont. 953. Quo audito (dass der König mit Heeresmacht nahte)
Fridericus archiepiscopus Mogontia secessit et civitatem regis tuendam
commisit. Ipse Brisacam castellum, latibulum semper Deo regique
rebellantium, intravit totamque ibi pene aestatem rei eventum ex-
pectaturus permansit.
4) III, 13.

2*

venientes nihil talium se in eius contrarietatem egisse
dicebant; sed si Heinricus frater eius in pascha Inglinheim
veniret, illum se comprehensuros non negabant. Quod rex
tranquille ac modeste suscipiens navigio Coloniam attigit.
Widukinds Bericht lautet günstiger für Friedrich als der
des Continuator. Während nach diesem der Bischof schon
jetzt im Einverständnis mit den Verschwörern steht, lässt
jener ihn noch bona fide handeln. Ein weiterer Unterschied
besteht darin, dass der Continuator[1] von einem Vertrage
nichts zu berichten weiss. Im übrigen teilt auch Widukind,
ganz wie beim Jahre 939, den Inhalt[2] des Vertrages
nicht mit.

Weiter erzählt Widukind, wie der König bald darauf
in Dortmund, umgeben von seinen Getreuen, den Mainzer
Vertrag für ungiltig erklärt und seinem Sohn und seinem
Eidam befiehlt, die Urheber des ruchlosen Unternehmens
zur Bestrafung auszuliefern. „Doch der Erzbischof ver-
wandte sich für den früheren Vertrag, gleich als ob er für
Friede und Eintracht sorgen wollte, und erschien dadurch
dem König verdächtig, des Königs Räten und Freunden
aber durchaus verwerflich"[3]. pactis pristinis pontifex inter-
cessit, tamquam paci et concordiae consulturus; ob id regi
fit suspectus, amicis regalibus consiliariisque omnimodis
spernendus. Lassen diese Worte den Zweifel des Mönches
an Friedrichs Aufrichtigkeit deutlich erkennen, so lehnt er
doch sofort ab, näher darauf einzugehen. Er fährt fort de
eo nostrum arbitramur nequaquam aliquid temere iudicare;
sed quod de eo probamus, quia magnus erat oratione die

1) Böhmer-Ottenthal sagt No. 227 a: „Über das Resultat dieser
Zusammenkunft geht diese Quelle sacht hinweg" quod rex tranquille
ac modeste suscipiens).

2) Vermutungen über den Inhalt des Vertrags sprechen Dümmler
216 und Maurenbrecher, Deutsche Königswahlen, 63 aus. Dass Widukind
den Vertrag missbilligt, scheinen die Worte c. 14 anzudeuten (Otto)
maternis gaudiis et officiis decenter curatur, regemque, quem in Francia
pene perdidit, in patria magnifice recepit.

3) III, 15.

noctuque, magnus elemosinarum largitate, precipuus verbo
predicationis, non silere dignum duximus; caeterum de
accusatis causis qui iudicat Dominus est „uns kommt es
nicht zu, irgend ein unbesonnenes Urteil über ihn zu fällen,
aber was wir von ihm für gewiss erachten, dass er gross
war im Gebet Tag und Nacht, gross durch Freigebigkeit
und Almosen, vorzüglich durch das Wort der Predigt, das
haben wir nicht geglaubt verschweigen zu dürfen. Übrigens
ist, der da richtet über die vorgebrachten Beschuldigungen,
der Herr."
Also wieder, wie oben, dieselbe geheimnisvolle Haltung.
So viel er zu erzählen weiss, und so gern er sprechen und
den Schleier lüften möchte, er darf es nicht. Doch so viel
ist klar, so viel Anerkennung er auch dem kirchlichen Eifer
Friedrichs zollt, an seine Vermittlerrolle[1]) glaubt er nicht,
sein Freund ist er nicht, und nur schwer vermag er seine
Abneigung zu beherrschen[2]).

Einige Wochen später, etwa im Mai 953[3]), findet zu
Fritzlar ein allgemeiner Reichstag statt. Hier soll über
die Verschwörer das definitive Urteil gefällt werden. Liudolf
und Konrad sind nicht erschienen[4]): ob Friedrich zugegen
war, erhellt aus den Quellen nicht.

Widukind[5]) berichtet . . . Heinricus . . . multas ac graves
causas summo pontifici obiciebat; proptereaque regis totiusque

1) Friedensliebe und Abneignng gegen Unruhen und Parteiungen
rühmt nach Ruotger 16 die Opposition an Friedrich.
2) Ranke VI, 95 sagt: „Aus den Ausdrücken Widukinds möchte
man schliessen, dass er das Recht des Reichstags, über den Bischof
zu richten, bezweifelt hat". Diese Auffassung ist unmöglich. Erstens
stand Wid. nicht auf streng klerikalem Standpunkte, „die Kirche ist
ihm nur ein Organ der Staatsgewalt" cfr. Gundlach 5 ff. und 101. Sodann spielen sich diese Vorgänge gar nicht auf dem Reichstag zu
Fritzlar ab, sondern auf einem Hoftage in Dortmund, Böhmer-Ottenthal
No. 227 d.
3) Dümmler 217.
4) Böhmer-Ottenthal No. 231 nimmt die Gegenwart des Erzbischofs an. Auch Ranke 195.
5) III, 16.

pene exercitus offensam incurrit, dum eum penitus culpabilem
ex illius dictis censerent „Heinrich brachte gegen den Erzbischof viele schwere Beschuldigungen vor; deshalb wurde
diesem die Ungunst des Königs und fast des ganzen Heeres
zu teil, weil sie ihn nach jener Aussage für völlig schuldig
hielten".

Wieder erfahren wir nicht, worin die „multae ac graves
causae" bestanden.

Inzwischen drängt die Entwicklung der Dinge zur
Gewalt. Nachdem der Mönch die Kämpfe in Lothringen
und Franken, in Sachsen und Baiern geschildert, sagt er [1]):
„Während dessen entsagte der Erzbischof, wie er selbst
sagt, aus Furcht vor dem Könige, dem bischöflichen Amte
und führte mit Eremiten ein einsiedlerisches Leben".

Abermals Vorsicht und Zurückhaltung. Nur erraten
müssen wir, was Widukind in seinem Innern über Friedrichs
Haltung denkt. Denn dass es nach seiner Auffassung nicht
blos Furcht vor dem Könige war, weshalb der Erzbischof
sich nach Breisach zurückzog, zeigen die unmittelbar
folgenden Worte [2]) non minima quoque caeteris pontificibus
cunctatio erat in Boioaria „auch die übrigen Bischöfe
zeigten sich in Baiern nicht wenig schwankend".

Es kommt der Reichstag von Langenzenn [3]), auf
welchem über den Frieden verhandelt wird. Auch Friedrich
ist erschienen. Nur Widukind giebt einen kurzen und
lückenhaften Bericht über die Verhandlungen. Vorsichtig
lässt er diesmal den Erzbischof selbst reden [4]): Zuletzt trat

---

1) III, 27 summus pontifex interea, ut ipse aiebat timore regis,
officio pontificali amisso, heremiticam cum solitariis ducebat vitam.
Vgl. Ruotger c. 20.

2) III, 27.

3) Böhmer-Ottenthal No. 238.

4) III, 32 postremum pontifex summus rationem redditurus intravit, promittens, se quocumque rex imperavisset indicio significaturum,
numquam contra regem sensisse vel velle vel fecisse; timore coactum
a rege discessisse, offensum sibi eum quia intellexisst, innocentem gra-
vissimis accusationibus obrutum, de caetero iuramentorum omnibus
argumentis fidem servaturum.

der Erzbischof ein, um Rechenschaft zu geben, und versprach durch jedes Urteil, welches der König anbefehlen würde, zu zeigen, dass er nie dem Könige feindlich gesinnt gewesen, noch entgegengestrebt oder gehandelt habe; von Furcht getrieben habe er den König verlassen, weil er erkannt, dass dieser ihm zürne; unschuldig sei er durch die schwersten Beschuldigungen zu Boden gedrückt; fortan werde er in jeder Weise den Eid der Treue heilig halten." Darauf spricht der König[1]. „Von Euch verlange ich keinen Schwur, sondern nur, dass Ihr das Streben nach Frieden und Eintracht, so viel an Euch ist, fördert" et hoc dato, in fide ac pace eum dimisit (rex).

Schliesslich gedenkt Widukind[2] z. J. 954 mit anerkennenden Worten des Todes Friedrichs intera summus pontifex aegrotasse nuntiatur ac desperari. Finem summi pontificis qui interfuere satis laudabilem predicant.

Fassen wir die Ergebnisse dieser Untersuchung kurz zusammen:

1) Widukind ist ein politischer und persönlicher Gegner Friedrichs gewesen.

2) Trotzdem lässt seine Darstellung Friedrich in einem relativ günstigen[3] Lichte erscheinen, indem er wichtige, dem Erzbischof abträgliche Punkte verschweigt, andere; welche seine politische Haltung zu entschuldigen erscheinen, hinzufügt.

3) Er war über die zwischen Friedrich und Otto I. schwebenden Differenzen wohl unterrichtet.

4) Trotzdem ist er darüber Näheres mitzuteilen behindert, obwohl er gern sprechen möchte.

---

1) III, 32 a vobis non exigo iuramentum, nisi pacis et concordiae consilium, in quantum possitis, adiuvetis-Bezeichnender der Cont. 854 sed rex omni pietate plenus ab hoc eum sacramente absolvit.

2) III, 41.

3) Nur bei der Besprechung der Mönchsverfolgungen durchbricht er die Schranken und vermag seinen Grimm nicht zu beherrschen. Hier handelt es 'sich um die vitalsten Interessen des Mönchs selbst. Daher seine schweren Verdächtigungen gegen Friedrich.

5) Weder Rücksichten auf den König und seine Politik
noch auf Erzbischof Friedrich erklärt sein Schweigen.
Wer aber war es, dessen Wünschen und Stimmungen
der Geschichtschreiber Rechnung tragen musste?
Schon Köpke gelangt in den Ottonischen Studien[1]) auf
breiter Grundlage zu dem Ergebnis, dass Widukind die An-
regung und den Stoff seines Werkes vom Erzbischof Wilhelm
von Mainz, dem Nachfolger Friedrichs und unehelichem
Sohne Otto I. erhalten. „Wilhelm von Mainz war sein Be-
schützer, sein Auftraggeber, Förderer und Censor."
Darauf entgegnet Maurenbrecher[2]) in der Besprechung
des Köpkeschen Buches: „Das ist durchaus nicht unwahr-
scheinlich, aber doch auch nicht sicher erwiesen; es würde
immer nur den Wert einer ansprechenden Hypothese haben
können. Was Köpke aus dem Urteile Widukinds über
Friedrich hierfür schliessen will, kann ich nicht unter-
schreiben. Wir sind ja über Wilhelms Stellung zu seinem
Vorgänger gar nicht unterrichtet, und alles das, was wir
hieraus folgern und debattieren wollten, schwebt vollständig
in der Luft. Möglich, vielleicht wahrscheinlich ist die Beziehung zwischen Wilhelm und Widukind — aber nicht erwiesen, soviel ich das übersehe, unerweisbar."
Gleichzeitig und in ähnlichem Sinne äussert sich Waitz[3]):
„etwas zu künstlich oder wenigstens nicht als sicher begründet erscheint mir, was speciell über die Beziehung zu
Wilhelm von Mainz, über den Einfluss dieses Mannes auf
die Abfassung des Werkes überhaupt . . . ausgeführt wird."
Auch Wattenbach[4]), in seiner neusten Ausgabe, sagt
ablehnend: „Deshalb kann ich nicht der Auffassung Köpkes

1) Köpke, Ottonische Studien I, Widukind von Korvei, 52 und 75.
2) Sybel, Histor. Zeitschrift 1867, 437.
3) Gött. G. A. 1867, 1431. Bezugnehmend auf Maurenbrecher und
Waitz sagt auch Werra 32 „In dieser vorsichtigen Beurteilung eine
Beeinflussung der Quelle von Seiten Wilhelms von Mainz mit Köpke
erkennen zu wollen, dürfte mindestens sicherer Begründung entbehren
da wir über Wilhelms Stellung zu seinem Vorgänger nicht unterrichtet sind."
4) pag. 331.

zustimmen, welcher . . . Erzbischof Wilhelm einen bestimmenden Einfluss auf das Werk beimisst: wir müssten
denn ganz andere Gesichtspunkte hervortreten sehen.''
Dagegen ist Gundlach[1]) mit neuen Gründen für Köpke
eingetreten.
Soviel ich sehe, beruht derWiderspruch gegen Köpkes
Hypothese wesentlich darauf, dass wir über Wilhelms Stellung
zu seinem Vorgänger Friedrich nicht unterrichtet wären.
Diese Lücke ist in der Köpkeschen Beweisführung allerdings
vorhanden; doch glaube ich sie ausfüllen zu können.
Am 25. Oktober 954[2]) war Friedrich gestorben, der
Mann, welcher Otto dem Grossen so viel zu schaffen gemacht.
Dass die Reichsregierung diesen günstigen Augenblick be-
nutzen würde, um die Mainzer Opposition durch Erhebung
einer besonders vertrauenswürdigen Persönlichkeit zu brechen,
liegt auf der Hand. Wer aber hätte, nachdem Bruns Ernennung[3]) zum Erzbischof von Köln sich so glänzend be-
währte, anders in Frage kommen können als Wilhelm, des
Königs Sohn? Der junge Erzbischof hat in einem Zusatz zu
den Reichenauer Annalen mit selbsteigener Hand die näheren
Vorgänge seiner Wahl der Nachwelt überliefert[4]): eodem
vero anno ego Willihelmus, tantae successionis indignus,
loco eius cum consensu cleri et populi eiusdem sanctae sedis
16 Kal. Ianuarii, ipsoque die pace inter regem Ottonem et
filium eius Liudolfum facta, in loco Aranstedi sum electus;
et in 9 Kal. Ianuarii Mogontinae ordinatus. Berücksichtigt

---

1) pp. 28 ff., 67 ff., 72 ff.
2) Annal. Aug, Jaffé, Monum. Mogunt. 706.
3) Sein Vorgänger Wigfrid war am 9. Juli 953 gestorben.
Dümmler 220. Hauck, Programm 26.
4 Electio wird der königliche Anteil an der Erhebung der Bischöfe
und Erzbischöfe auch sonst genannt, z. B. DO. 366 ut haec nostra
electio firmior et submixior fiat. Sodann spricht der Ort Arnstadt gegen
die Annahme kanonischer Wahl. Solche konnte nach kanonischem
Recht in diesem Fall nur in Mainz stattfinden. Die Worte cum consensu cleri et populi beziehen sich also auf den erst nachträglich in
Mainz vollzogenen Wahlakt.

man die ganze politische Lage, dazu die Person Wilhelms, so ist ganz klar, dass es sich bei dieser electio nicht um streng kanonische Wahl durch Clerus und Volk handelt, sondern um einen königlichen Act. Es mochte die Ernennung dieses Mannes als ein grosser Erfolg der königlichen Politik erscheinen. Man mochte hoffen, dass er ebenso bereitwillig wie sein grosser Onkel Brun Person und Amt in den Dienst der Reichsregierung stellen werde. Doch darin täuschte man sich.

Ottos mächtiger Gegner Friedrich war zwar gestorben, aber seine Ideen lebten in Wilhelm kräftig fort. Auch waren die zwischen Königtum und Bistum schwebenden Differenzen keineswegs ausgeglichen worden. Die Aussöhnung Friedrichs und Ottos auf dem Reichstag zu Langenzenn war nur eine äusserliche gewesen, indem jener nach Niederwerfung der Revolution ein weiteres Widerstreben gegen die Reichspolitik für völlig aussichtslos halten, dieser durch abermalige Milde gegen den hartnäckigen Kirchenfürsten ihn doch endlich für seine Politik zu gewinnen hoffen mochte.

So setzt Wilhelm, des Königs eigener Sohn, die Mainzer Opposition fort.

Wieder lassen uns die erzählenden Quellen im Stiche. Sie sagen kein Wort von dem zwischen Vater und Sohn beginnenden Konflict. Auch Ruotger, der sonst wiederholt überraschende Einblicke gestattet in das Getriebe der Opposition und deren Motive, hüllt sich in Schweigen. Und doch giebt es Zeugnisse aus jener Zeit, welche unzweideutig darthun, um wie tiefgehende Gegensätze es sich gehandelt hat.

Wilhelms Stellung zur Politik seines Vaters scheint mir von Neueren nicht unrichtig aufgefasst zu sein. Giesebrecht[1] sagt: „Es ging damals wieder ein frischer Zug durch die deutsche Geistlichkeit, die noch andere Dinge

1) Giesebrecht, Kaisergeschichte, 5. Auflage, I, 442 und 444. Ähnlich wie Giesebrecht sagt Martin, Programm des Gymnasiums und der höheren Bürgerschule zu Wesel 1878, pag. 12 „Bruns treuer Freund und Mitarbeiter, Wilhelm".

in das Auge fasste als äussere Vorteile. Es ist deshalb
nicht zu verwundern, wenn die Gefahr, die der Kirche
drohte, recht wohl von ihr gefühlt wurde. Vor allem wissen
wir gerade von Brun und Wilhelm, wie sehr sie eine Verweltlichung der Kirche besorgten. Widerstrebend und nur
Ottos dringenden Bitten nachgebend, übernahm Brun die
Verwaltung des Herzogtums Lothringen, und in dem vorhin
angeführten Briefe an Papst Agapit bezeichnet Erzbischof
Wilhelm es unzweideutig als ein schlimmes Zeichen der
Zeit, dass der Bischof thue, was sich für den Herzog und
Grafen gebühre." Und dann weiter unten: „In eine wie
bedenkliche Abhängigkeit die Kirche vom Könige gerieth,
entging hiernach Wilhelm mit Nichten, und er liess sich
sogar in einem einzelnen, ihn besonders betreffenden Falle
bis zu jenem äussersten Widerstande gegen die Absichten
seines Königs und Vaters hinreissen. Aber dennoch finden
wir gerade ihn als den entschiedensten Vertreter der Krone
in allen Reichsgeschäften, als ein äusserst wirksames Werkzeug, den Bund zwischen Kirche und Reich herzustellen
und zu kräftigen."

In mehreren Punkten möchte ich diesen Ausführungen
kurz widersprechen. Brun und Wilhelm waren auf kirchenpolitischem Gebiete die ausgesprochensten Gegner. Findet
in jenem der Ottonische Gedanke, den Staat durch die Organe
der Kirche zu regieren, seinen ergebensten und eifrigsten
Vertreter, so war und blieb der andere ein ebenso energischer
Gegner dieser Politik. Sodann rechtfertigen unsere Quellen
kaum, Wilhelm „den entschiedensten Vertreter der Krone
in allen Reichsgeschäften[1]) zu nennen." Sein thatsächlicher
Einfluss auf die Regierung und sein Anteil an den Geschäften
des Reiches stellt sich nach urkundlichem Befunde zu verschiedenen Zeiten sehr verschieden dar.

Ohne mich weiter auf eine Kritik früherer Darstellungen einzulassen, will ich Wilhelms Thätigkeit und

1) Giesebrecht 444; Böhmer-Will XXXIV; Dümmler 439.

Stellung auf Grund der urkundlichen Zeugnisse mit einigen Worten zu charakterisieren versuchen.

Er war im Jahre 929 [1]) geboren. Wo und wann er erzogen wurde, das ist nirgends überliefert. Seine un-eheliche Geburt [2]) legt nahe, dass er nicht am Hofe, sondern in der Stille eines Klosters aufwuchs. Diese Annahme wird bestätigt durch seine vorzügliche geistige Bildung und durch die streng kirchlichen Anschauungen, die er als Bischof be-kundet. Ausserdem wäre es auffällig, wenn sein Aufenthalt am Hofe nicht irgendwelche Spuren in den Diplomen [3]) jener Zeit hinterlassen haben sollte.

Die 14 Jahre seines Pontificats zerfallen in zwei Perioden von annähernd gleicher Dauer. Während er in der ersten eine durchaus oppositionelle Haltung bewahrt und sich fern hält von den Geschäften des Reichs, treten etwa von 961 an die Gegensätze zurück und es mehren sich die Zeugnisse positiver Mitarbeiterschaft.

Zum ersten Male [4]) macht er von sich reden durch den berühmten Brief [5]) an Papst Agapit im Jahre 955.

Zum Verständnis dieser für uns so wichtigen Urkunde nur zwei Worte über die allgemeine politische Lage.

Das Waffengetöse, welches die letzten Jahre erfüllt, war verklungen. Innere und äussere Feinde hatten durch Ottos Schwert entscheidende Niederlagen erlitten. Nunmehr

1) Cont. 928; Dümmler 8; Böhmer-Will XXXIV.

2) Dümmler 12 „der ältere uneheliche Sohn Wilhelm wird schwerlich in der Pfalz erzogen worden sein, sondern, da er für die Kirche bestimmt ward, wie der junge Bruno einer Klosterschule über-geben worden sein. Thankmars Beispiel mochte es geraten erscheinen lassen, ihn sogleich auf das andere Lebensgebiet zu verweisen".

3 Es sind bis zum Oktober 954, dem Jahre der Erhebung Wilhelms zum Erzbischof, 173 Diplome erhalten.

4 Stumpf R. K 536, Böhmer-Will Reg. 108, 2, wo Wilhelm als Zeuge bei Otto erscheint, ist Fälschung Sickel DO. 457 — DO. 188, welches 957 dem Kloster Pfävers Immunität und Wahlrecht bestätigt, gehört in der vorliegenden Fassung erst dem späteren Mittelalter an. R. K. 250, Böhmer-Will 109, 7.

5) Jaffé Biblioth. 3, 347.

konnte er ernstlich daran gehen, jenem grossen und genialen
Plane, der frühzeitig in ihm entstanden und dessen Ausführung er mit sichtlicher Liebe fast zwei Jahrzehnte' hindurch aufs sorgsamste vorbereitet, die Gründung einer Metro,
pole in Magdeburg für die neuerworbenen slavischen Gebiete-
die endliche Verwirklichung zu geben. Das Halberstädter
Bistum, zu dessen Sprengel Magdeburg gehörte, sollte zu
diesem Zwecke an den letzteren Ort verlegt und zum Erzbistum erhoben werden Das aber war nur möglich, wofern
Wilhelm der Entlassung Halberstadts aus der Mainzer Diözese
den Consens nicht versagte. Dieser Plan, der sicherlich der
Teilnahme ¹) und Zustimmung Brunos sich erfreute, dem aber
Wilhelm von Mainz desto heftiger widerstrebte, war im
Sommer des Jahres 955 durch Ottos Vertrauten Hadamar
dem Papst Agapit vorgelegt worden. Hadamar, welcher in
Rom die günstigste Aufnahme gefunden, hatte ein zu-
stimmendes Schreiben²) des Papstes zurückgebracht, wonach
dem Könige gestattet wurde, nach eigenem Ermessen und
Gutdünken Bistümer zu errichten. Wilhelm war aber über diese
ohne sein Zuthun gepflogenen Verhandlungen von höchstem
Unwillen erfüllt. Er war um so mehr berechtigt, darüber
entrüstet zu sein, als der Papst nur wenige³) Monate vorher
ihm die Privilegien seines Stuhls, namentlich das päpstliche
Vicariat für Deutschland bestätigt hatte ... ut sitis noster
vicarius missus in partibus Germaniae Galliaeque: ut, ubicumque episcopos presbiteros diaconos vel monachos etiam
cuiuscumque personae homines contra canones et constituta
sanctorum patrum sive contra aecclesiasticam regulam excessisse reperietis, apostolica auctoritate iuxta canones et
instituta sanctorum patrum illos corrigere et ad viam veritatis reducere non omittatis ... Mit dem Anathema schliesslich wurde jeder bedorht, der die Rechte und Ehren des

1) Uhlirz, Geschichte des Erzbistums Magdeburg unter den
Kaisern aus sächsischem Hause 32.
2) Jaffé Reg. 3673; Biblioth. III, 347.
3) Im Jahre 955, Jaffé Reg. 3668; Biblioth. III, 345.

Mainzer Erzstuhls irgendwie schädigen würde sanctae etiam
Mogontinae sedi privilegium conscribimus: ut, si quis eam
cuiusque sit personae aliquo honore huc habito velit de-
predari, ipse depredetur et, nisi resipiscat, aeterno vinculo
anathematis apostolica maiestate circumalligato . . .

So viel ist wohl klar[1]) und bei dem nahen verwandt-
schaftlichen Verhältnisse Wilhelms zum Könige unabweislich,
dass den Verhandlungen mit dem Papste erst solche mit dem
Erzbischofe vorangegangen und dass erst, nachdem die
letzteren gescheitert, man nach Rom sich gewandt.

Der obige Brief veranschaulicht nun deutlich den ganzen
Grimm und die Verbitterung des Erzbischofs. Nicht bloss
über die Magdeburger Frage giebt er interessante Auf-
klärung, auch andere Dinge kommen zur Sprache, welche
nicht nach dem Wunsch und Geschmack des jungen, aber
streitbaren Erzbischofs waren.

Er beginnt die lange Reihe der gravamina mit einem
Hinweis auf die traurige Lage des Reichs, das durch innere
Kämpfe und durch die Angriffe der Feinde der Christenheit[2])
in seinen Grundfesten erschüttert sei . . . fratrum vero,
christianitatis nomine utentium, his partibus degentium,
ineffabili et numquam sine lacrimis dicenda crassante dis-
cordia illa, in qua pater filio, patri filius, frater fratri — non
plus Cain Abel insidiatus est — ac quisque affinis affini
insidiatur, omnis ordo omnisque cognatio detestatur.

Dann spricht er von den Schäden und Leiden der Kirche.
Episcopis suum subtrahitur privilegium und, vielleicht unter
Bezugnahme auf[3]) Pseudo-Isidor, qui (episcopi) — quasi
pupillae Domini — angariatur, exterminantur, excaecantur.
Wie Erzbischof Herold von Salzburg durch des Königs
eigenen Bruder heimlich ergriffen und ohne Beachtung der
kanonischen Formen geblendet und verbannt worden sei.

---

1) me inscio non id idoneum rebar kann nur heissen, dass er
von den Verhandlungen mit dem Papste nicht gewusst habe, nicht
aber, dass ihm Ottos Pläne überhaupt unbekannt gewesen sein.

2) Einfall der Ungarn 955.

3) Dümmler 272, 1.

Wie man Bischof Rather von Lüttich, obwohl kanonisch
und gesetzlich eingeführt, doch alsbald wie einen „Pächter"
ohne Grund weggejagt. Non personam, sed factum accuso
sagt er bezüglich der Vorkommnisse in Salzburg. Nicht
Heinrichs Person will er anklagen, sondern das ganze
herrschende System, welches zu solchen Thaten führt. Nur
weil der Bischof thue, was allein für den Grafen und Herzog
sich gebühre und umgekehrt. seien solche Vorgänge möglich:
dux comesque episcopi, episcopus ducis comitisque sibi
operam dat.

Energischer konnte der Erzbischof die Politik seines
Vaters nicht verurteilen. Die Worte offenbaren denselben
Geist, welcher Friedrich beseelte, und unverkennbar spielen
sie auf Erzbischof Bruno von Köln an. Zwischen Mainz[1])
und Köln besteht offenbar noch dieselbe Spannung wie zu
Erzbischof Friedrichs Zeiten. Wie Bruno durch seine umfangreiche weltliche Thätigkeit, besonders als Herzog von
Lothringen, schon jenes Widerspruch hervorgerufen. so erfährt er jetzt von seiten seines Neffen nicht geringeren Tadel.
Non est aecclesia, quin aliquo laesa sit, fährt Wilhelm
fort, um zu dem eigentlichen Gegenstande seiner Beschwerde
überzugehen, zur Begründung des Magdeburger Erzbistums
auf Kosten des Mainzer Sprengels. Seine Sprache wird
immer bitterer. Die Heidenmission sei nur vorgeschoben
culpam iustitia pretendentes, aiunt, id fieri causa propagandae
christianitatis und, indem er das seiner Kirche eben erst
von neuem bestätigte Privileg gewissermassen gegen den
Papst selbst ausspielt, versichert er mit festen Worten
minorationem nostrae sedis translationemque Halberestetensis
aeclesiae me vivo non consentiam „einer Verminderung
unseres Bistums und der Verlegung der Halberstädter Kirche
werde ich, so lange ich lebe, niemals zustimmen". „Selbst[2])

1) Ruotger c. c. 20, 23.
2) siquidem quis a falsis prophetis — Roman veniens in vesti-
mentis ovium, intrinsecus autem rapax lupus, auro gemmisque farcitus
— inde rediens, iactatur: se domi ferre nescio cuius munere tot pallia,

wenn einer[1]) von jenen falschen Propheten, die aussen in
Schafskleidern kommen, aber innen reissende Wölfe sind,
mit Gold und Edelsteinen bepackt nach Rom geht und von
dort zurückkehrend sich brüstet, er bringe so viele Pallien
heim, als er wolle, mit barem Gelde gekauft, — ich weiss
nicht von wem, denn dass dies von Euch möglich sei, kann
ich nicht glauben, und wenn derselbe auch apostolische
Briefe aufweist, nach welchen es dem König in apostolischer
Machtvollkommenheit erlaubt sein soll Bistümer zu ordnen,
wie ihm beliebt. Ich kann es nicht für angemessen erachten,
dass solches ohne mein Wissen geschieht; ohne mein Wissen,
der ich in ganz Germanien und Gallien als der Erste nach
Euch in der Christenheit bessern soll, was zu bessern ist,
und niemandem Rechenschaft schulden soll als Euch". Hanc
quippe nostrae aecclesiae predam si ita stabiliri vos libeat.
„Wenn solche Beraubung unserer Kirche wirklich in Eurer
Absicht liegt, dann", so fährt er fort, „müsste ein Konzil
— am liebsten in Mainz — berufen werden. Lieber wolle
er sich zu den Heiden schicken lassen und ihnen das Evan-
gelium predigen, wenn wirklich das Geld des Hadamar mehr
vermögen sollte als die frommen Satzungen des Bonifazius
und aller früheren Päpste. Et sint tot pallia quot episcopi;
sed id, non me presule fidem subiectionemque vobis prebente
„Mag es dann eben so viel Pallien als Bischöfe geben, aber
ich will nicht mehr Bischof sein . . ."

Dieser Brief ist das einzige positive Zeugnis über die
Konflikte zwischen Otto und Wilhelm. Die Entschiedenheit,
mit welcher der Sohn die Rechte seiner Kirche und die

---

quot velit, empta centum libris — quod absonum mihi a vestra apostolica maiestate posse fieri videtur — ferens apostolicas aepistolas,
habentes: apostolica maiestate licitum fore regi, episcopia ita ordinare,
quo sibi placeat. Me inscio, non id idoneum rebar; me dico, qui
prius, Germaniae Galliaeque alter iuxta christianitatem a vobis, si quid
corrigendi esset, corrigere debuerim, ego a nemine nisi a vobis pulsari.
Giesebrecht 443.

[1]) Hadamar. Er hatte, nach Ruotger 26, zugleich den Auftrag,
das Pallium für den Erzbischof Brun zu holen.

Kirche überhaupt gegen die Eingriffe des Vaters verteidigt, erinnert lebhaft an Friedrichs Opposition. Auch Friedrich war ein Feind der Ottonischen Kirchenpolitik. Auch er hegt, wie Ruotger lehrt, nur in noch weit höherem Masse, Abneigung gegen Bruno, den Mann, welcher die Kirche auf so bedenkliche Bahnen geführt. Beide, Friedrich und Wilhelm, empfinden gleich schmerzlich sodann, wie der Schwerpunkt der deutschen Kirche, trotz Primat und Vikariat, trotz Tradition und Privilegien, von Mainz nach Köln sich verschoben. Bruno war der Leiter der deutschen Kirche geworden. Alles geschah durch ihn, nichts ohne ihn.

Dass Friedrich nicht minderen Hass gegen Hadamar, des Königs Vertrauten, empfand, das sahen wir bereits. Wohl in keinem Vertreter der damaligen Geistlichkeit kommt die ihm verhasste neue kirchliche Richtung so zum Ausdruck wie in diesem weltgewandten Manne.

Auch den Magdeburger Plänen, die Wilhelm so energisch bekämpft und von denen ich mit Bestimmtheit[1]) annehme, dass sie nicht erst vom Jahre 952 datieren, war er sicherlich nicht weniger abgeneigt.

Dazu kommen noch andere Differenzen, in denen sich Wilhelm mit Friedrich solidarisch fühlte. Das Erzkapellanat, worauf die Mainzer ausschliesslich Anspruch erhoben, und in welches schon Friedrich mit Köln, Trier und Salzburg sich hatte teilen müssen, vermochte auch Wilhelm zuerst nicht allein zu behaupten. Auch er musste an Köln Konzessionen machen. Erst im Jahre 965[2]), als Bruno, der siegreiche Rivale, gestorben war, kam das Erzkapellanat bleibend an Mainz und zwar für das ganze deutsche Reich.

Worin also Friedrich und Otto bereits zweiten, das trennte auch später noch Sohn und Vater. War Friedrich durch die allgemeine Lage wiederholt zu offener Auflehnung gegen Otto gedrängt worden, so ist Wilhelm nicht zu Feindseligkeiten übergegangen. Doch liegt bei der Er-

---

1) Darüber unten.
2, Sickel, Monum. Germ. h., Diplom. 1. 82; Beiträge, VII, 100.

bitterung, welche der obige Brief verrät, die Frage nahe, welche Partei wohl der Prinz ergriffen haben würde, wenn er bereits zur Zeit der früheren Rebellionen den Krummstab geführt hätte.

Für die nächsten Jahre liegen nur negative Zeugnisse vor über Wilhelms Stellung zur Reichsregierung. Doch soviel erhellt, dass die Verstimmung und Erbitterung in Mainz nicht vorübergehend waren. Das Verhältnis zwischen Vater und Sohn bleibt Jahre hindurch getrübt und gespannt. Wilhelm hält sich geflissentlich vom Hofe fern, und nichts berechtigt, wenigstens für die nächsten sechs Jahre, dazu[1], „ihn den entschiedensten Vertreter von Krone in allen Reichsgeschäften" zu nennen und „ein äusserst wirksames Werkzeug, den Bund zwischen Kirche und Reich herzustellen und zu kräftigen". Das lehren uns die Urkunden in unzweideutiger Weise.

Etwa 50[2]) Diplome liegen aus diesen sechs Jahren vor. Es sind Empfänger aus allen Teilen des Reichs, meist geistliche Personen oder kirchliche Stifter; nur neun[3]) Empfänger weltlichen Standes befinden sich darunter.

Ich will nicht betonen, dass die Reichskanzlei in den Rekognitionen Wilhelms nur elf Mal gedenkt, dahingegen Brun 35 Mal nennt. Wir vermögen die Scheidung[4]) der Kompetenzen beider als Erzkapellane nicht mehr zu erkennen. Wichtiger und entscheidender ist, dass Wilhelm nicht ein einziges Mal als Intervenient erscheint. Etwa in dreissig Diplomen treten Fürbitter auf. Am meisten beteiligt sich die Königin Adelheid[5]) mit zehn Interventionen

1) Giesebrecht 444.
2) DDO. 175—225.
3) DDO. 193, 194, 197, 198, 201, 204, 207, 220, 223.
4) Sickel, M. G. h. 82.
5) Über ihren politischen Einfluss unter den drei Ottonen hat P. Kehr in einem vorzüglichen Aufsatz gehandelt, „Zur Geschichte Ottos III.", Sybel H. Z. 1891 ff. Neben so manchem überraschenden Resultate bietet diese Arbeit reiche Belehrung über die methodische Verwendung der Urkunden für politische Geschichte.

für Empfänger aus Franken und Schwaben, Sachsen und Lothringen. Es handelt sich da nicht bloss um ehrende Erwähnung oder um Fürbitten privater Natur. Es sind Akte von politischer Bedeutung. Sie nimmt im Rate des Königs schon jetzt die dominierende Stellung ein, welche auch von den erzählenden Quellen bezeugt wird.

Ihr folgt[1]) Brun mit sechs Interventionen für Weltliche und Geistliche aus den verschiedensten Teilen des Reiches. Hier handelt es sich nicht minder um politischen Einfluss. Auch die anderen Verwandten[2]) des Königs intervenieren gelegentlich. Mag ihre Fürbitte auch des politischen Charakters entbehren, so legt sie doch immerhin Zeugnis ab vom Einvernehmen zwischen dem Könige und ihnen.

Dann finden sich unter den Intervenienten, wenn auch vereinzelt, die Namen der Männer[3]), deren Einfluss und Beziehungen zum Hofe auch sonst bezeugt sind.

Mag man den Zufälligkeiten in der Überlieferung der Diplome auch Rechnung tragen, das völlige Fehlen Wilhelms in den Intenventionen kann dadurch allein nicht erklärt werden. Wir müssen vielmehr annehmen, dass der Konflikt zwischen Vater und Sohn noch fortbesteht und dass sich dieser vom Hofe und den Geschäften des Reichs prinzipiell fernhält.

Dieses Verhältnis ändert sich im Jahre 961. Laut Urkunde[4]) vom 29. Mai schenkt Otto per petitionem nostre dilectae coniugis Adalheidae atque interventum Unillihelmi sanctae Mogonciensis aecclesiae venerabilis archiepiscopi dem Propst der Mainzer Kirche Theoderich verschiedene Besitzungen. Wir dürfen darauf schliessen, dass in-

1) DDO. 175, 179, 190, 194 — 96.
2) Mathilde, Ida, Heinrich, Otto II.
3) Herrmann von Sachsen DO. 183; Udalrich von Augsburg DO. 188; Hartbert von Chur DDO. 188, 209; Burchard von Schwaben DDO. 193, 208, 218; Poppe von Würzburg DO. 220 u. a.
4) DO. 226.

3*

zwischen[1]) in Mainz eine versöhnliche Stimmung eingekehrt ist. Auch dass Wilhelm hier neben der einflussreichen Königin Adelheid interveniert, ist nicht bedeutungslos. Es bezeugt schon für dieses Jahr das gute Einvernehmen beider, welches bis zum Lebensende Wilhelms ungetrübt fortbestanden und in weiteren gemeinsamen Interventionen noch oftmals zum Ausdruck gelangt.

Bezeichnender noch für die Annäherung und Verständigung zwischen Vater und Sohn ist DO. 230 vom 29. Juli desselbigen Jahres. Hier macht Otto instinctu et monitu Wilhelmi sancte Moguntinensis ecclesie venerabilis archiepiscopi dem Kloster des h. Moriz zu Magdeburg eine besonders reiche Schenkung. Wilhelm hat demnach seinen Widerspruch gegen die Magdeburger Pläne aufgegeben[2]). Durch einen inzwischen stattgefundenen Vergleich ist er zum Freunde derselben geworden. Über den neuen Gründungsplan unterrichtet uns eine vom 13. Februar 962 datierte Bulle[3]) des Papstes Johann XII., wonach[4]) Otto die Errichtung eines Erzbistums zu Magdeburg und eines diesem untergeordneten Bistums in Merseburg genehmigt wird, ohne dass noch von der früher geplanten Verlegung des bischöflichen Sitzes von Halberstadt die Rede ist. Auch einer anderen in dem obigen Briefe ausgesprochenen Beschwerde Wilhelms ist Rechnung getragen worden, indem ihm und den anderen Erzbischöfen des Reichs ein bestimmender Einfluss auf die Errichtung des neuen Erzsprengels zugestanden wird. Das nunmehrige[5]) entschiedene Eintreten Wilhelms für die Ver-

1) Am 26. Mai 961 weilt Wilhelm in Aachen, wo er teilnimmt an der Salbung des jungen Königs Otto II. Vermutlich ist es damals zur Aussprache gekommen.

2) Lindecke, Das Bistum Halberstadt und die Gründung des Erzbistums Magdeburg. Halberstadt. Programm 1879, 18.

3 Jaffé Reg. 3690.

4) Uhlirz, Gesch. d. Erzbistums Magdeburg 35, 36.

5) Dem entsprechend wäre zu modifizieren Dümmler 439 „Wenn Wilhelm auch früher den grossartigen Plänen seines königlichen Vaters in Bezug auf die Stiftung der slavischen Metropole in etwas engherziger Weise widerstrebt hatte — ein Widerstand, den er wahrscheinlich nicht bis zuletzt festhielt ..."

wirklichung des früher so heftig bekämpften Projekts zeigen die weiteren zahlreichen Urkunden für Magdeburg. In diesen erscheint nächst Adelheid vor allem Wilhelm als eifriger Fürbitter[1]).

Diese Ergebnisse stimmen durchaus zu den Nachrichten unserer historiographischen Überlieferung.

Nachdem wegen der bevorstehenden zweiten Romfahrt Ottos Anfang[2]) Mai 961 in Worms ein grosser Reichstag stattgefunden hatte, auf welchem der damals siebenjährige Otto zum Könige eingesetzt wurde, finden wir den Hof am 26. Mai in Aachen. Auch Wilhelm hat sich eingefunden, um an der Salbung des jungen Königs teilzunehmen.

Hier[3]) oder vielleicht schon in Worms wurde auf Wilhelms Rat der St. Maximiner Mönch Adalbert zum Missionsbischof bei den Rugern ernannt.

Noch deutlicher für das Einvernehmen zwischen Reichsregierung und Mainz spricht die Berücksichtigung Wilhems bei der Einsetzung[4]) der Reichsregentschaft, welche während der Abwesenheit des Königs im Namen Ottos II. walten sollte. Ja, die Erziehung des jungen Königs wurde Wilhelm anvertraut . . .[5]) pater in Saxoniam rediens dispositis regni negotiis filium Willihelmo archiepiscopo tuendum et nutriendum ommisit. Dies wird bestätigt durch die Urkunden Ottos II., wo vor allem Wilhelm als Intervenient[6]) erscheint.

Ein weiteres Einvernehmen zwischen Vater und Sohn lässt sich dann bis zu Wilhelms Tode verfolgen. Seine Intervention[6]) welche nächst der Adelheids am öftesten begegnet, ist lückenlos. Sie kommt, mit nur einer Ausnahme[7]) ausschliesslich der Kirche und ihren Dienern zu gute. Selbst

1) DDO. 232, 278, 281, 304, 331—333, 345.

2) Ottenthal Reg. No. 297 a. 299 a; Dümmler 322, 1.

3) Cont. 961.

4) Ottenthal Reg. 303 a.

5) Contin 961

6) DDO. 226, 230, 232, 233, 277, 278, 281, 286, 304, 314, 317, 319, 320, 323, 324, 330—333, 345.

7) DO. 330.

Brun vermag nicht mit ihm zu konkurrieren. In der Zeit
von 961 bis zu jenes Tode am 10. Oktober 965 tritt Wilhelm
neun Mal. Brun nur vier Mal als Intervenient auf. Es
scheint somit, dass Mainz auch in kirchlichen Dingen wieder
grösseren Einfluss erlangt hat.

Weitere Wünsche Wilhelms zu erfüllen, gab Brunos
Tod Gelegenheit. Wilhelm erhielt nunmehr das Erzkapellanat
für das ganze Reich[1]).

Bevor dann Otto 966 seinen zweiten Römerzug antrat,
übertrug[2]) er auf dem Reichstage zu Worms die Reichs-
verwesung und die Leitung des jungen Königs abermals
Wilhelm.

Fassen wir kurz zusammen, was von diesen Untersuchungen über Wilhelm für unsere Frage von Wichtigkeit ist:

1) Wilhelm setzt nach dem Tode Friedrichs die Mainzer
Opposition energisch fort.

2) Die Fragen, in denen Wilhelm und Otto zweien,
bedingen bereits Friedrichs Opposition.

Fügen wir diese beiden Sätze den obigen Ergebnissen
über Widukinds Werk hinzu, so kann an der Richtigkeit
der Köpkeschen Hypothese, dass Erzbischof Wilhelm von
Mainz Widukinds „Auftraggeber, Förderer und Censor" gewesen, kaum noch ein Zweifel bestehen. So erklärt sich,
warum Widukind, der persönliche und politische Gegner
Friedrichs, diesen dennoch in einem relativ günstigen Lichte
erscheinen lässt. Wir verstehen das geheimnisvolle Schweigen
des Geschichtschreibers, der über die Gründe von Friedrichs
Opposition zwar gut unterrichtet ist, dennoch aber es ab-
lehnen muss, darüber Mitteilungen zu machen, so gern er
auch möchte. Es ist Rücksichtnahme auf Wilhelm, der
über Friedrich ganz anders dachte und urteilte als die
Reichsregierung. Jedes Wort, jede abfällige Kritik über
Friedrichs Haltung und dessen Motive musste zugleich
Wilhelm, seinen kirchlichen Oberen, treffen, der sich einst

1) M. G. h., Dipl. I, 82; Sickel, Beiträge VII, 100.
2) Ottenthal Reg. 431 a.

in der Opposition gegen Otto mit seinem Vorgänger solidarisch gefühlt hatte und den es jetzt, nachdem er mit seinem
Bruder sich versöhnt, nur peinlich berühren konnte, an den
früheren Zwiespalt erinnert zu werden.

Hat aber Wilhelm bestimmenden Einfluss auf Widukind
ausgeübt, so finden noch andere Eigentümlichkeiten und
Lücken des Geschichtswerkes ihre Erklärung.

Schon Köpke hat darauf hingewiesen, dass auch Erzbischof Hatto I. von Mainz [1]. ein früherer Vorgänger
Wilhelms, sich nicht minder grosser Schonung zu erfreuen
hat, obwohl es ersichtlich, dass er ebenso wenig Widukinds
Freund ist wie Friedrich.

Oben lernten wir den heftigen Konflikt zwischen
Wilhelm und Otto kennen, der Jahre lang angehalten und
zu einem vollständigen Bruch zwischen Vater und Sohn geführt hatte. Es lag für Widukind, der sonst von den Vor-
gängen in der königlichen Familie rückhaltlos berichtet,
kein anderer Grund vor, darüber zu schweigen, als Rücksicht auf Wilhelm.

Von jeher ist ferner das Schweigen über Ottos gross-
artige kirchliche Thätigkeit aufgefallen. Weder von Magdeburg noch von den anderen kirchlichen Schöpfungen weiss
Widukind zu berichten. Sollte dem Mönch an den Ufern
der Weser wirklich unbekannt geblieben sein, wie in nicht
eben grosser Ferne, an der Elbe, Klöster, Bistümer und
Erzbistümer entstanden? Wattenbach [2]) nimmt es an. Er
sagt: „Obwohl Widukind Mönch ist, übersieht er doch fast
ganz die so überaus wichtige kirchliche Wirksamkeit Ottos
und vor allem auffallend ist sein Schweigen über die Stiftung
des neuen Erzbistums Magdeburg" und weiter unten [3]):
„Selbst in Magdeburg muss er ganz fremd gewesen sein
da er sonst doch wohl notwendig für die wichtige Stftung
der wendischen Bistümer und die viel bestrittene Errichtung

---

1) Böhmer-Will Reg. XXVII, 891 Sept. — 913 Mai 15. Köpke 26.
2) p. 330.
3) p. 331.

des Erzbistums Magdeburg einige Teilnahme gewonnen hätte."

Ich glaube, dass Widukind speziell die Magdeburger Gründungen keineswegs unbekannt gewesen sind. Die Art und Weise, wie er über die Begräbnisstätte Ottos I. und seiner Gemahlin Editha berichtet, ist eine so bestimmte und detaillierte, dass man fast Autopsie voraussetzen möchte. Er sagt[1]) sepulta est (K. Editha[2]) autem in civitate Magathaburg in basilica nova latere aquilonali ad orientem ..Sie liegt aber begraben in der Stadt Magdeburg in der neuen Basilica im nördlichen Schiffe gegen Morgen." An Edithas[3]) Seite fand Otto I. seine letzte Ruhestätte igitur ab integro ab omni populo electus (Otto II) in principem, transtulit corpus patris in civitatem, quam ipse magnifice construxit, vocabulo Magathaburg. Widukind kannte also die prächtige Kaiserpfalz, den Lieblingsaufenthaltsort Ottos, und den stolzen Bau[4]) der Basilica in Magdeburg. Dennoch erwähnt er weder die Stiftung des Morizklosters i. J. 937 noch die Gründung des Erzbistums. Er musste eben der einstigen Opposition der Mainzer gegen diese Pläne Rechnung tragen.

Ebenso erklärt sich das Abbrechen Widukinds, welcher doch erst nach Erneuerung des Kaisertums sein Werk begonnen, bereits vor der Kaiserkrönung[5]) und ,,die befremdliche Ablehnung, welche dem Papst widerfährt." ,,Nicht der Papst[6]) ist für ihn der höchste Bischof: Summus Pontifex oder Pontifex Maximus — achtmal kommt diese Benennung vor — heisst der Erzbischof von Mainz, Wilhelm, Ottos Sohn, und wer ihm im Amte vorangegangen!" Nur flüchtig skizzierend eilt er über Ottos Römerzug und Kämpfe gegen Berengar und Rom hinweg. ,,Das zu erzählen, geht über

1) II, 41.
2) Sie starb am 26. Januar 946; Ottenthal 131 a.
3) Widuk. III, 76.
4) Über den Bau des Domes Dümmler. 148. 499. 511; Uhlirz 42; Hauck 120.
5) Gundlach 30; Rommel, Forsch. 4, 124.
6) Gundlach, 98.

sein schwaches Vermögen"[1]) nostrae tenuitatis non est
edicere. Über die Kaiserkrönung sowohl wie über die
Synoden in Rom, wo unter Ottos Vorsitz Päpste eingesetzt
und abgesetzt werden, kein Wort. Das war eben nicht nach
Wilhelms streng klerikalem Geschmacke[2]). Wir werden
weiter unten sehen, dass Friedrich, der Otto auf dem ersten
Römerzuge begleitete, wahrscheinlich nicht minder ein
Gegner der Kaiserpolitik war. Berücksichtigen wir ferner,
dass auch Roswitha, deren Abhängigkeit von Wilhelm nach
ihren eigenen Andeutungen[3]) zweifellos erscheint, noch vor
der Kaiserkrönung Ottos abbricht, so liegt es doppelt nahe,
dass abermals Rücksicht auf Wilhelm diese kurze und lücken-
hafte Behandlung der italienischen Politik bedingt.

Hier schliesse ich die Untersuchungen über Widukinds
Geschichtswerk. Ich fasse mein Urteil in dem allgemeinen
Satze zusammen: Widukind hat die Dinge wesentlich so
dargestellt, wie sie in den Gesichtskreis der Mainzer Politik
traten. Der Ruhm, unbefangen geschrieben zu haben, ge-
bührt ihm nicht. Ich unterschreibe daher das Urteil, welches
Hauck[4]), freilich ohne Begründung, in einer Note seiner
Kirchengeschichte ausspricht: „das Lob der Unbefangenheit,
das Ebert S. 433 Widukind erteilt, scheint er mir keineswegs zu verdienen. Man wird kaum irren, wenn man ihn

---

1) III, 63.

2) Dümmler 440: „Von Italien hielt er (Wilhelm) sich völlig
fern, und man darf wohl zweifeln, ob er von seinem streng kirchlichen
Standpunkte aus das Vorgehen des Vaters gegen die Päpste Johann XII.
und Benedict V. gebilligt haben würde."

3) Gundlach 334; Rommel 124. In der prosaischen Widmung
ihres Ottoliedes sagt sie vestro autem vestrique familiarissimi, cui hanc
rusticitatem sanxistis praesentatum iri, scilicet archipraesulis Wilhelmi,
indicio, quoquomodo factum sit, aestimandum relinquo. Script. 4, 317.

4) Ruotgeri Vita Brunonis, Schulausgabe 1890. Über sie vor
allem Wattenbach 367; Ebert 447 ff., Gundlach 171 ff.; Maurenbrecher
i. Syb. h. Z. 1861, 122 und 150; Forsch. 4. 590; Rommel, Forsch. 4, 125;
Strebitzki, Programm des kath. Gymn. i. Neustadt i. W. 1875; Martin,
Programm des Gymn. i. Wesel 1878; Dierauer, Ruotger und der Aufstand von 953; Jasmund, Einleitung zur Übersetzung Ruotgers.

als den befangensten unter den älteren deutschen Geschichtschreibern erklärt."

Ich lasse als zweite Quelle. welche über Erzbischof Friedrich berichtet, die Biographie [1]) Brunos folgen. Sie ist verfasst von dem Kölner Diakon Ruotger, welcher den Auftrag [2]) dazu von seinem Erzbischof Folkmar [3]). dem Nachfolger Brunos nur im geistlichen Amte. nicht zugleich auch in der Herzogswürde. erhalten hatte. Die Stellung des Auftraggebers bürgt für Inhalt und Tendenz dieses trefflichen Schriftchens. Folkmar hatte unter allen Geistlichen der Kölner Kirche dem Verstorbenen am nächsten gestanden. Er war nach Thietmar [4]) sein Geheimschreiber. Vertrauter und Kapellan gewesen. Dies wird bestätigt und ergänzt durch die Worte des Biographen selbst [5]): ante omnes luctu se lacrimisque, magis autem interno dolore cordis affecit, qui hunc patrem patriae prae caeteris amavit. Folcmarus, memorabilis probitatis et industriae diaconus ac prudens fidelisque huius sanctae accclesiae protus et iconomus, quo nomine cum ipse pater. utputa vicarium suum et sibi in omni negotio coniunctissimum, honorare consuevit ... huic pius pater absenti. quod cum nosset, ex nomine res suas omnes egenis et acclesiis ipiscopii sui distribuendas, praescius credo futurae successionis. summo studio delegavit. ..Vor allem aber ergab sich der Klage und den Thränen

---

1) In der Präfatio der Vita ..imposuit sanctitatis vestrae reve rentia super caput meum gravem quidem sarcinam. set pro captu parvitatis meae dulcem admodum et iocundam. videlicet ut vitam mirabilis et magnifici archiepiscopi Brunonis. qua potuerim sermonis facultate, describerem.

2) p. 313. 5.

3) Brunos Tod 11. Oktober 965: Folkmar amtiert bis 18. Juli 967. Über die Chronologie Hauck, Programm 28. 3.

4) II. 23 accersitoque clam suimet secretario. quem prediximus Wolcmero, quod in mente latebat vulnus aperuit qualiterque curaretur. diligenti consilio quesivit und II. 24 imperator autem fraterna clade turbatus. Wolmero, eiusdem familiari capellano, ob amorem eius episcopatum et anime curam fideliter commendavit.

5) c. 46.

noch mehr aber dem innern Schmerz [über Brunos Tod] der,
welcher diesen Vater des Vaterlandes vor allen liebte, der
Diakon Folkmar, ein Mann von bewunderungswerter Tugend
und Tüchtigkeit, von dem Vater, der ihn als seinen Stellvertreter und vertrautesten Genossen bei allen Geschäften
benutzte, mit dem Namen des Vorstehers und Verwalters
seiner heiligen Kirche beehrt . . . diesem, obgleich abwesend,
hatte der fromme Vater, da er ihn kannte, und die künftige
Nachfolge wohl schon ahnend, ernstlichst all sein Eigentum
überwiesen, damit es von ihm an die Armen und an die
Kirchen des Bistums verteilt würde."
Ruotger selbst war im Besitze einer nicht gewöhnlichen
Bildung[1]). Auch er kannte Brunos Person, Charakter und
Wirken aus eigener Anschauung. So befand sich der Verfasser in selten günstiger Lage, dem grossen Manne, für
den Bewunderung und Verehrung ihn im höchsten Masse
erfüllte, gerecht zu werden und ihm ein würdiges Denkmal
zu setzen. Und dass er den Ansprüchen und dem Geschmacke
seiner Zeit vollkommen genügt hat, bezeugt u. a. Thietmar[2]),
der über Bruns unzählige Thaten sich zu verbreiten ablehnt,
weil ein ganzes Werk, das sein Leben vollständig behandele,
ihm etwas Weiteres hinzuzufügen verbiete. Desto mehr
haben Neuere zu tadeln gewusst. Maurenbrecher[3]) nimmt
Anstoss an dem „scharf ausgesprochenen mönchischen Sinn"·
„Ruotger schreibt von ganz beschränkt mönchischem Standpunkte aus zur Erbauung frommer Christen. Die gross-
artige politische Bedeutung Brunos scheint ihm selbständig
kaum zum Bewusstsein zu kommen." Gundlach[4]), der im
übrigen Ruotger zu würdigen weiss, findet, „dass der Be-

---

1) Ebert 446; Gundlach 181; Jasmund V.

2) II, 23 Pauca locutus sum de innumerabilibus et isto melio-
ribus tanti viri ingenuis actibus, quia liber unus de eiusdem nobili
conversatione pleniter inscriptus me aliquid proibet addere. Andere
Geschichtschreiber schreiben Ruotger aus, ohne ihn zu nennen.
Jasmund V, 2.

3) Syb. H. Z. 1861, 121 n. 150; Forsch. 4, 590.

4) 181 ff.

richterstatter hinter dem Prediger, die Belehrung hinter
der Erbauung zurücktrete". Auch Jasmund[1], der den Wert
des Werkes, vor allem seine stoffliche Bedeutung nicht
minder anerkennt, urteilt dennoch, dass die Einsicht und
das Talent des Schreibers dem Gegenstande nicht gewachsen,
und dass viel Spreu uns geboten sei, wo ein begabter Geist
so reiche Lese edelster Frucht hätte halten können." Auch
seine Glaubwürdigkeit ist angefochten worden. Er habe
absichtlich[2] die politischen Motive des Aufstandes der
Jahre 953 und 954 gegen Otto I. verschwiegen und un-
gerechtfertigter Weise die Aufständischen als schlechte
Menschen, Genossen des Teufels, bezeichnet. Ja, manche
Particen seien absichtlich[3] unvollständig und oberflächlich.

Ich meine, dass bei allen diesen Urteilen, die ich
ausserdem zum teil für unbegründet halte, die negativen
Seiten der Biographie zu einseitig betont sind. Auch die
anderen Geschichtschreiber dieser Periode sind lückenhaft
und nicht minder entschiedene Parteimänner. Bei ihnen
allen liessen sich leicht dieselben Mängel nachweisen. Es
kommt vielmehr darauf an, den positiven Wert der Schrift
zu bestimmen, und dieser ist ein ausserordentlich grosser.

Ruotger selbst war sich sehr wohl bewusst, wie
schwierig die Aufgabe sei. Brunos Leben und Thaten in
biographischer Form zu berichten. Hatte doch sein Held
eine einzig dastehende Thätigkeit entfaltet, die über alle
Gebiete des öffentlichen Lebens, des Staates und der Kirche
in gleicher Weise sich erstreckte. Überall waltete sein
Geist und seine schaffende Hand. Er war im Rate des
Königs die einflussreichste Persönlichkeit, ja er war es,
welcher der Regierung Ottos so recht eigentlich Plan und
Richtung gegeben hat So eng verwoben war seine Person
Jahrzehnte hindurch mit der Politik des Reiches, dass eine

1) VI.
2) Maurenbrecher de historicis decimi seculi scriptoribus. Bonner
Diss. 1859, S. 26 u. Note 32.
3) Vogel, 6.

erschöpfende Darstellung seines Thuns und Wirkens im engen
Rahmen der Biographie auch heute noch eine schwierige
Aufgabe wäre. Brunos Leben ist zugleich die Geschichte
des Reiches. Dass Ruotger, als Vertreter des Klerus der
Kölner Diözese, bei der Auswahl aus dem reichen Material
vor allem Brunos Thätigkeit als Erzbischof von Köln und
Herzog von Lothringen berücksichtigt, ist natürlich und auch ˙
nicht unrichtig. Wenn auch Bruno massgebenden Einfluss
auf die Reichsregierung ausgeübt und ihn nie verloren hat,
— das lässt sich aus den Urkunden erweisen — sein Talent
als Staatsmann und Bischof hat er gerade in seiner Stellung
an der Spitze der Provinzialverwaltung am glänzendsten
bewiesen. Hier hat er dauernde Erfolge gezeitigt. Was
an der Elbe dem Billunger gelungen, das hat er im Westen
unter weit schwierigeren Verhältnissen geleistet. Und wenn
hinwiederum der Staatsmann hinter dem Bischof zurücktritt,
so verdient dies ebensowenig Tadel. Das entspricht durchaus der Auffassung, welche Bruno selbst von seinem Doppel-
amte hatte. Bei aller Bereitwilligkeit, das Schwert der
geistlichen Gewalt in den Dienst der weltlichen Herrschaft
zu stellen, fühlte er sich dennoch in erster Linie als Bischof
und erst in zweiter als Herzog und Staatsmann. Nur widerstrebend [1]), so scheint es, hat er die Leitung der öffentlichen
Angelegenheiten Lothringens übernommen: cogente igitur
imperiali auctoritate, suscepit, ut iam dictum est, tractare
negotia regni apud Lotharios; und an anderer Stelle [2]) heisst
es: „Niemals ergab er sich so ganz der Beschäftigung mit
öffentlichen Angelegenheiten, zu denen ihn nicht sowohl
Neigung als dringende Notwendigkeit führte." „Mehr mit
der Kraft des Geistes [3]) als mit irdischen Mitteln kämpfte
er gegen die Feinde der Ordnung." Treffend charakterisiert

1) c. 22.
2) c. 29 numquam ita civilium negotiorum occupatione detentus
est, ad quam eum non sua libido, set populi necessitudo attraxit.
3) c. 25 animi plus quam corporis viribus tamdiu contra pesti-
lentes et inquietos tantumque vitae etiam suae plerumque periculo
decertavit . . .

der Biograph[1]) sein kirchenpolitisches Glaubensbekenntnis: exinde (nach seiner Wahl zum Erzbischof) omnis eius intentio, omne studium sanctae matri eecclesiae aut munimento fuit aut ornamento. Munienda scilicet erat exterius, ornanda interius; munienda in secularibus, ornanda in spiritualibus. „Von nun an war all sein Denken und Trachten darauf gerichtet, der heiligen Mutter Kirche Schutz und Zierde zu bereiten; nach aussen Schutz, im Inneren Zierde; Schutz in weltlichen, Zierde in geistlichen Dingen." Aecclesiae religionem, regi honorem, heisst es weiter unten[2])

Kurz, Ruotger hat die Auswahl des Stoffes bei der Schilderung der vielseitigen Thätigkeit Brunos, sei es im Rate des Königs, sei es im bischöflichen oder herzoglichen Amte, im ganzen richtig abgewogen. Er zeichnet Bruno so, wie er war und sein wollte und seinen Zeitgenossen auch erschien. Eine einseitige Betonung und Hervorhebung seiner politischen Thaten würde sein Bild nur getrübt haben. Dass er im übrigen auf eine erschöpfende Darstellung verzichtet, sagt er selbst[3]): fecit omnino plurima et prope infinita, quae digna fuerunt sempiterna memoria; set non expectet auditor aut a me aut a quolibet haec omnia explicanda. Quod si quis fideliter et vere agendum promitteret, singulos quos pueritiam praetergressus vixit annos propriis et his utique spaciosis codicibus insigniret . . non enim in una provincia aut in uno negotiabatur regno. „Wie viele, ja unzählige Thaten kennen wir von ihm, würdig, immer in der Erinnerung bewahrt zu werden! Aber kein Leser möge erwarten, dass ich oder ein anderer diese Masse von Stoff zu bewältigen imstande sein könnte: denn wenn jemand

---

1) c. 14.
2) c. 13.
3) In der Einleitung. Aehnlich c. 14: Quaedam tamen de his, ut proposuimus, propter exemplum et instructionem plurimorum scriptorum silentio tegenda non sunt. Impossibile namque est, tanti viri gesta per cotidianos virtutum profectus evolvere, dignisque factorum laudibus magna eius merita congruenter attollere . . . und c. 35 propositum suscepti operis negat, expedire bellum.

wirklich verspräche, dies treu und der Wahrheit gemäss
thun zu wollen, so müsste dieser über jedes einzelne Jahr
seines Lebens nach dem Knabenalter grosse Werke schreiben ...
denn nicht auf eine Provinz oder ein Reich beschränkte er
seine Wirksamkeit."

Noch etwas anderes lehren diese Worte. Sie passen
nicht recht zu dem „beschränkten Mönch, dem die gross-
artige politische Thätigkeit Brunos kaum zum Bewusstsein
gekommen", sie setzen vielmehr einen Mann voraus, den ein
universeller Blick [1]) befähigt, Brunos Person und einflussreiche
Thätigkeit vollständig zu erfassen. An anderer Stelle[2])
äussert er sich ähnlich: multa sunt alia et prope infinita,
quae in brevi non in Lothariorum tantummodo populo, quem
ipse ex intego susceperat gubernandum, quem etiam, sicut
inpraesentiarum cernitur, ex inculto et fero paccatum red-
didit et mansuctum, set etiam per totum regnum gloriosissimi imperatoris sui in Dei rebus et salute tocius populi
strennuissime operatus est. Erat enim eidem omnino com-
munis cura cum seniore et germano suo, quorum uterque
de altero merito gloriabatur in Domino.

Noch schmeichelhafter für Bruno, sowie bezeichnend
für Ruotgers Blick und Urteil lauten die schönen Worte[3])
cuius (Ottonis) consiliis omnibus, cum ipse nihil aliud dies
ac noctes nisi de salute populi cogitaret, interfuit, et inter
primos excelluit. Hic eidem gravissimus auctor ad con-
stituendam, fidelissimus socius ad comparandam, fortissimus
adiutor ad rem publicam perficiendam fuit. „An allen
seinen (Ottos) Beratungen, da er selbst Tag und Nacht
auf nichts anderes als das Wohl des Volkes dachte, nahm
Bruno teil und glänzte unter den Vorzüglichsten. Er
war des Kaisers weisester Rat, sein treuster Genosse, sein

---

1) Hauck 317.
2) c. 39.
3) c. 41 und c. 45 omnes mirabiliter huius, ut eorum verbis utar,
digni Deo viri merita in rem publicam, in imperatorem, in reges, in
principes, in omnem populum, eximia, qua quisque facultate poterat,
aestimabant. c. 39 per totum regnum gloriosissimi imperatoris sui in
Dei rebus et salute tocius populi strennuissime operatus est.

stärkster Helfer bei dem grossen Werke der Begründung
und Erhaltung und Vollendung des Reiches."

Der Parteistandpunkt eines Verfassers, der Brunos
weltlicher Thätigkeit so rückhaltlos Anerkennung zollt,
kann nicht zweifelhaft sein. Ruotger gehört zu jenen Dienern
der Kirche, die unter Brunos eigenster Leitung[1]) heran-
gebildet, gleichsam hineingewachsen waren in das herrschende
System und mit den Tendenzen und Ideen des Kaisertums
durchaus harmonierten.

Daher preist er immer von neuem die ausgezeichneten
Verdienste des Bischofs um das Reich[2]), insonderheit um
Lothringen[3]), wo die Herstellung und Aufrechterhaltung des
Friedens bei der Rauflust und Unbotmässigkeit der welt-

— - —

1) Der Fürsorge Brunos für einen tüchtigen Nachwuchs streb-
samer und thätiger Männer gedenkt R. wiederholt. In der Einleit.
quot quantosque de alumnis tanti viri episcopos, quantos in quacumque
ecclesiasticae professionis disciplina probatissimos novimus . . . c. 37
Quaesivit interea summa diligentia pius pastor Bruno, veritatis assertor,
euangelii propagator, navos et industrios viros, qui rem publicam suo
quisque loco fide et viribus tuerentur u. w. u. ille vero omnia provido
usus est moderamine discretionis, ut pro qualitate locorum et temporum
in praelatione pastorum ad sapientissimi imperatoris nostri imperium
dominici gregis paci et tranquillitati consuleret, illos nimirum caeteris
praeferens, quibus nequamquam esset incognitum, quid pastoris esset
officium . . .

2) c. 23 honestum enim et utile nostrae rei publicae fuit omne
quod fecit u. c. 45.

3) c 10 nusquam tamen ferocius quam in occidentis partibus
aestuabat. Ibi principes vi et rapto assueti, populi rerum novarum
cupidi, civilibus omnes cladibus intenti, aliorum ditescere miseriis
praeoptabant. c. 37 erat namque in occidentalibus Lotharici regni
finibus velut indomita barbaries, ea quae videbatur aecclesiae proles,
felicitati invidens alienae, nec minus saluti suae, despiciens paternae
blandimenta exortationis, terrorem vix sentiens potestatis. c. 39 multa
sunt alia et prope infinita, quae in brevi non in Lothariorum tantummodo populo, quem ipse ex integro susceperat gubernandum, quem
etiam, sicut inpraesentiarum cernitur, ex inculto et fero paccatum red-
didit et mansuetum . . . Ebenso cc. 24, 34.

lichen und geistlichen Grossen[1]) eine besonders schwierige Aufgabe war.

Er kann nicht finden[2]), dass diese vielseitige Thätigkeit Brunos Kräfte zersplittert und die Erfüllung der kirchlichen Pflichten darunter gelitten habe. Diejenigen, welche aus kanonischen Gründen es überhaupt missbilligten[3]) quare episcopus rem populi et pericula belli tractaverit, cum animarum tantummodo curam susceperit, weiss er geschickt, zu entwaffnen durch den Hinweis[4]) auf den „so grossen und besonders in jenen Gegenden so seltenen Segen des Friedens, den dieser Lehrer und Hüter des treuen Volkes überallhin verbreitet habe". Übrigens[5]) sei es nicht „neu und ungewöhnlich, die Leitung der weltlichen Angelegenheiten den Lenkern der heiligen Kirche Gottes anzuvertrauen". Wenn jemand hierfür Beispiele wünschte, so könnte er solche leicht anführen. Ganz also Widukinds Standpunkt[6]).

Der Bund, welchen Staat und Kirche geschlossen und der in dem unüberwindlichen Brüderpaar — par semper[7]) invictum — gleichsam verkörpert allen sichtbar wird, erscheint ihm das beglückendste Resultat Ottonischer Staatsweisheit[7]). „Ich kann nicht sagen", so lässt er vor Mainz

---

1) Äbte und Bischöfe gehörten in Lothringen fast ausnahmslos den rauflustigen einheimischen Geschlechtern an und nahmen vielfach teil an dem wüsten Treiben. Vogel 16. Auf diese Verhältnisse Bezug nehmend und mit ihnen die Einsetzung Rathers zum Bischof von Lüttich motivierend, sagt R. 38 simul quia in illis partibus per zelum et contentionem, unde fieri solet inconstantia et omne opus pravum, quidam etiam sacerdotes Domini, plerumque, quod dictu nefas est, terrenae plus iusto confisi potentiae, populum imperitum scandalizabant.

2) c. 22 Visus est singulari illa mentis suae agilitate pene excessisse generale illud, quod dicitur, mentem, cum dividitur ad multa, fieri minorem ad singula.   3) c. 23.

4) c. 23 … tantum et tam insuetum illis praesertim partibus pacis bonum per hunc tutorem et doctorem fidelis populi longe lateque propagatum aspiciunt.

5) c. 23 nec vero nova fuit huius mundi gubernatio aut sanctae Dei ecclesiae rectoribus antea inusitata; cuius exempla si quis requisierit, in promptu sunt.

6) I, 31.   7) c. 20.

4

den König in kritischer Lage zum Erzbischof Bruno sprechen.
„wie sehr es mich freut, dass wir immer ein und dieselbe
Meinung gehabt haben und unsere Wünsche in keiner Sache
auseinander gegangen sind; und das ist, was mich in meiner
Trübsal am meisten tröstet, dass ich sehe, wie sich durch
des allmächtigen Gottes Gnade das königliche Priestertum
dem Kaisertum angeschlossen hat." „Und diese Verbindung[1]"
so beklagt er den frühzeitigen Tod seines Helden, „des
ruhmreichen Cäsar Augustus und seines Bruders, des hohen
und unvergleichlichen Erzbischofs Bruno, Gott in allem
Willen und Wirken treu und wert, dieses verbundene Streben
alles zu Nutzen und in Ehren zu regieren und auszuführen,
diese heitere Gemeinschaft des Lebens und aller Geschäfte
trennte allein der grausame Tod, der furchtbare Tod, nur
allein der Tod."

So war Ruotger durch die Gunst der Verhältnisse,
unter denen er schrieb, dazu durch seinen Beruf und Parteistandpunkt, vor allem durch den weiten Blick, der ihn aus-
zeichnet, einzig dazu befähigt, nicht bloss Brunos Person
voll und ganz zu würdigen, sondern überhaupt die kirchlich-
kaiserlichen Bestrebungen seiner Zeit, die Staatskunst des
grossen Kaisers, richtig aufzufassen. Und das Bild, welches
er von Brun und dem Zusammenwirken der beiden grossen
Brüder entwirft, ist durchaus getreu. Nirgends Übertreibung
und Fälschung der Wahrheit. So panegyrisch auch zuweilen
seine Darstellung sich ausnimmt, wir haben eine treffliche
Kontrollinstanz an den urkundlichen Zeugnissen[2]), welche
als die Überreste des Geschehenen nicht bloss Relata, sondern
Acta sind. Sie sprechen beredter als sonst etwas zu uns
und bestätigen Ruotgers Berichte durchaus.

---

1) c. 42 Hanc itaque gloriosissimi caesaris augusti et germani eius,
summi et incomparabilis viri Brunonis archiepiscopi, fidam Deoque
placitam in omni voluntate et opere coniunctionem, hanc conspirationem
in omni utilitate et honestate administranda et bene gerenda, hanc
incundissimam vitae officiorumque omnium societatem, mors saeva, mors
horrenda, mors inquam sola diremit.

2) Kehr, Zur Gesch. Ottos III, 409, 411. Syb. H. Z. 1891.

Deutlich und ungetrübt spiegelt er den ganzen Charakter des Reichsregiments wieder. Wir erkennen die neuen Grundlagen, auf welche die kaiserliche Gewalt sich stützt, wie Reich und Kirche, Priestertum und Königtum aufs engste verbunden und von demselben Geiste erfüllt, rastlos an denselben Zielen und Aufgaben arbeiten. Der Bischof ist das Organ der deutschen Kirche und des deutschen Reichs zugleich. Und um so wertvoller ist uns die Auffassung und Darstellung Ruotgers, als er aus innerster Überzeugung, ohne höfische Inspiration und frei von jedem Zwang und jeder Rücksichtnahme als Lobredner des herrschenden Systems auftritt. Rückhaltlos [1]) und unbefangen ist sein Urteil. So sehr er auch das Kaiserhaus verehrt, über den Ludolfingischen Aufstand lässt er aus Rücksichten der Schonung kein verschönerndes Wort fallen. Ludolf, den Königssohn, nennt er ohne Scheu das Haupt der Verschwörung [2]). Nicht minder energisch und schonungslos geht er mit der Opposition ins Gericht. Und gerade hierin erblicke ich einen Hauptwert der Schrift, die, so möchte es mir scheinen, nicht zum geringsten dem Zwecke dient, seinen Helden gegen die auch seinen Tod überdauernden Verdächtigungen und Verläumdungen in Schutz zu nehmen. Keine andere Quelle jener Zeit bietet ein so deutliches Bild von den politischen

---

1) Wenn Ruotger des Gegensatzes nicht gedenkt, der, wie wir oben gesehen haben, mehrere Jahre hindurch zwischen Wilhelm und Bruno bestanden haben muss, sondern beider Einvernehmen als ein inniges hinstellt, so ist daran zu erinnern, dass die Spannung zwischen Mainz und Köln etwa seit 961 nachgelassen hatte. In dieser Zeit muss Wilhelm seinem Onkel den silbernen Reiter geschenkt haben, von welchem im Testament Brunos die Rede ist. c. 37 Wilhelmum quoque, praecluis et gratissimae excellentiae archimandritam, nepotem suum, Fritherici Mogontiani antistitis successorem ... ipse quoque inprimis summa veneratione colebat. Hos (Wilhelm und Heinrich von Trier) igitur tales tam illustres, tam certe sapientes religiosos et in omnibus bonis artibus eruditos viros ad consilium ... frequenter adhibuit. c. 49 equitem !argenteum a Magonciaco archiepiscopo datum.

2 c. 18 Erat in ea coniuratione princeps imperatoris filius Liudolfus.

4*

Reibungen und Gegensätzen. Nirgends wo treten die Tendenzen der Opposition, speciell in geistlichen Kreisen, so unverhüllt hervor. Deutlich erkennen wir, wie schwierig Brunos Stellung war und wie vielfach er angefeindet wurde. Mochte es sich um seine litterarischen Neigungen [1]) handeln, mochte er Klöster [2]) reformieren und den Landfrieden [3]) kräftig handhaben, oder mochte er sonstwie als Bischof oder Herzog sich bethätigen, überall begegnet ihm Widerspruch. Unaufhörlich sind seine Feinde geschäftig, den Fremdling, denn als solcher erschien er ungeachtet aller Verdienste dem trotzigen Adel und Klerus Lothringens, zu verdächtigen, zu verleumden und, wenn nicht anders, selbst mit offener Gewalt zu bedrohen. Nur durch kluges Nachgeben vermag er sich zu behaupten, als Rathers von Verona Erhebung zum Bischof von Lüttich einen wahren Sturm des Unwillens unter den weltlichen und geistlichen Grossen hervorrief [4]): ad hanc sentinam tempestates undique innumerae confluxerunt: navis aecclesiae laborante remige fluctuavit; gubernator ipse procellosae tempestatis impetum ferre non potuit. Cessit igitur: cessit, ne vinceretur a malo, set vinceret in bono malum: cessit adversantium voluntati, ut suo eos gladio iugularet sibi. „Zahllose Stürme wühlten von allen Seiten in diesem Auswurf; das Schiff der Kirche schwankte, so sehr auch die Ruderer sich abmühten; der Steuermann selbst konnte der Heftigkeit des furchtbaren Ungewitters nicht widerstehen. Er wich daher; er gab nach, damit er nicht vom Bösen besiegt würde, sondern im Guten das Böse besiegte; er wich dem Willen der Gegner, um mit ihrem eigenen Schwerte sie zu treffen."

Eingehend schildert er die gefährlichste Erhebung gegen Otto, die vom Jahre 953. Hier erhebt sich die Vita zur Reichsgeschichte. Noch einmal bieten die weltlichen

1) c. 14.
2) c. 34.
3) cc. 23, 34, 37 u. a.
4) c. 38.

Vasallen dem Könige Trotz, unter ihnen des Königs Sohn und Schwiegersohn; mit ihnen im Bunde der unzufriedene Teil des deutschen Episcopats, um Friedrich von Mainz geschart. Eine Solidarität der Empörer ist durchaus ausgeschlossen. Uns interessieren hier nur die Gründe der geistlichen Opposition. Und da giebt Ruotger in der wünschenswertesten Weise Aufschluss. Indem er ohne jede Rücksicht speciell an Friedrichs Motiven[1]) die schärfste Kritik übt, erfahren wir das einzige Mal — nirgends wo sonst in den erzählenden Quellen tritt dies hervor — um wie wichtige Principienfragen es sich in diesen Kämpfen zwischen Bistum und Königtum handelt. Deutlich erkennen wir, wie Ottos des Grossen politisches System, den Staat durch die Bischöfe und Äbte zu regieren und in der Stärkung und Kräftigung dieser ein wirksames Gegengewicht gegen die particularen Tendenzen der weltlichen Grossen zu schaffen, den schärfsten Widerspruch eines nicht unbedeutenden Teiles des deutschen Episcopats hervorgerufen, wie ein tiefer Riss durch diesen hindurchgeht, indem die einen, geführt von Bruno von Köln, dem Könige folgen, während die anderen mit Friedrich von Mainz, Deutschlands Primas, dessen Vorgänger einst die vornehmsten Berater der Krone gewesen, dem neuen Kurse nur misstrauisch, ja feindselig gegenüberstehen. Hier Mainz, dort Köln. Dass Ruotger, als entschiedener Parteigänger des Königs, Friedrichs Haltung, obwohl sie kanonischer war als die Brunos, aufs schärfste verurteilt, ist klar und verständlich. Sogar an seiner Frömmigkeit, die alle[2]), auch seine Feinde, einmütig rühmen, scheint er Zweifel[3]) zu hegen. Mit solchem Eifer wendet

1) cc. 16, 20 u. a. Darüber unten, wo über Friedrich im Zusammenhange gehandelt wird, Näheres.

2) Cont. 954; Widuk. III. 15; Annal. Hildesh. z. J. 956 und Annal. Quedlinb.: Dümmler 66.

3) Ruotger 16 Erat enim Magontia referta hostibus et insidia-toribus regni: et ubi vigere solebat sinceritas religionis, illuc maxima confluxit sentina dissensionis. De archiepiscopo loci varius principum aeque et vulgi sermo fuit: alii . . . . . alii vero, et pene omnes quo-

er sich gegen den „trügerischen"[1]) Erzbischof und die
Opposition, dass er selbst gar nicht gewahr wird, wie seine
Darstellung durch Anführung der Entschuldigungsgründe der
Rebellen diese selbst in günstigem Lichte erscheinen lässt[2]).
Ibi varius altrinsecus assentantium favor, et prope, cui merito crederetur, incertum. Andire hoc erat frequentius, etiam
ab his qui in castris regalibus militabant, laudare adversae
partis fortitudinem, praeferre in eisdem innocentiam causae,
quod coacti et nimis inviti hunc sibi laborem assumerent
„Hier im Rate (den der König vor Mainz abhielt) gingen
die Stimmen vielfach auseinander, da die einen dieser Auffassung, die anderen jener sich zuneigten, und fast schien
es ungewiss, welcher man mehr Vertrauen schenken solle.
Öfter konnte man selbst von denen, welche im kaiserlichen
Lager waren, der Gegenpartei Tapferkeit loben und die
Reinheit jener Sache dem Dienste vorziehen hören, welchen
sie hier gezwungen und mit grösstem Widerwillen thäten."
Nichts spricht mehr für die Unbefangenheit und Wahrheitsliebe Ruotgers als gerade diese Stelle.

Lernten wir also oben in Widukinds Sachsengeschichte
ein Werk kennen, welches die Mainzer Auffassung von den
Dingen beherrscht, so tritt in Ruotgers Vita Brunonis der
Kölner Standpunkt nicht minder entschieden hervor. Dort
hatte man Jahrzehnte hindurch die schärfste Opposition ge-

rum cordibus divina gratia inspiravit, potestatem a Deo ordinatam vene-
rari, imperatorem omni devotione sequi, tutorem opum, vindicem sce-
lerum, largitorem honorum. Ipsi etiam quibus domi sua res familiaris,
coniuges et liberi curae erant, aut pax et salus sua quomodocumque
dulcis extiterat, longe aliter huius viri merita aestimabant.

1) c. 20 Huiusmodi fraudulenta verborum iactantia istius metropolis praesul, vides, quantos seduxit, quantos ad civilis cladis rabiem
illexit. Wohl auf Friedrich anspielend, rühmt er dagegen an Bruno,
dass er „weder geteilten Herzens noch doppelzüngiger Rede" war.
c. 17 In hoc impie latrocinantis et periurae partis odium Bruno, glo-
riosus et populo Dei optatus praesul, semet ipsum sponte libensque
coniecit, nec duplici corde nec labiis dolosis cuiquam occasionem prae-
bens, aut dissimulare quod vellet, aut simulare quod nollet.

2) c. 17.

trieben. die noch in aller Erinnerung stand. Hier war
Bruno mit der ganzen Kraft seiner gewaltigen Persönlichkeit
für die Pläne des Königs eingetreten. Widukind schrieb,
indem er der unterliegenden Opposition schonend Rechnung
trug, Ruotger als Vertreter der siegreich durchdringenden
Richtung. Seine Auffassung ist zugleich die der Reichsregierung.

Nächst Widukind und Ruotger interessiert uns der
Continuator Reginonis[1]. An dieser Stelle nur so viel über
ihn, dass auch er, der bei weitem bedeutendste Geschichtschreiber der Ottonenzeit, gut kaiserlich und ein nicht
minder entschiedener Gegner Friedrichs ist. Ich kann deshalb Ottenthal[2] nicht zustimmen. welcher sagt: „Der Cont.
gehört der strengsten kirchlichen Richtung an, so wie man
sich nach dem bekannten Klagebriefe an Papst Agapit (Jaffé
Bibl. 3, 347) seinen Gönner Erzbischof Wilhelm vorstellen
muss." Die Art und Weise, wie er über Friedrichs Opposition und Brunos weltliche Thätigkeit urteilt, lässt vielmehr deutlich erkennen, dass auch er in der Übernahme
geistlicher und weltlicher Pflichten zugleich nichts Un-
kanonisches erblickte. Über Brunos Tod äussert er sich
z. J. 965 also[3]: „Auch der Erzbischof Bruno. der leibliche
Bruder des Kaisers, ein des Herzogtums und des Bistums
in gleichem Masse würdiger Mann, verschied am 11. Oktober."
So hätte der Cont. schwerlich gesprochen, wenn er, von
streng klerikalem Geiste beherrscht, gegen die Verwaltung
Lothringens durch Erzbischof Bruno kanonische Bedenken
gehegt hätte.

Wie anders dagegen beurteilt er Friedrichs und seiner
geistlichen Gesinnungsgenossen Haltung. von denen er sicherlich wusste, dass sie vor allem aus kanonischen Gründen
das herrschende System bekämpften. Über den Aufstand

1) s. Excurs 1.

2) Die Quellen zur ersten Romfahrt Ottos 1. Mitteilungen des
Instit. für österr. Geschichtsforschung. Ergänzungsband 4, 62.

3) Cont. 965 Brun quoque archiepiscopus, germanus imperatoris,
vir ducatu pariter et episcopatu dignissimus, V. Idus Octobris obiit.

im Jahre 939 sagt er: Eberhardus enim et Gisalbertus
cum Heinrico fratre regis adversus regem coniurant, sed et
quidam ecclesiastici viri nequam et Deo odibiles cum illis
factione concordant omniaque passim pacis et concordiae
iura turbabant. Weiter unten erfahren wir, wer diese „verbrecherischen und gottverhassten Männer" sind: unde Fridericus archiepiscopus Mogontiensis et Ruodhardus episcopus
Strazburgensis fixis in obsidione tentoriis et relictis copiarum,
quas detulerant, sarcinis nocte clam aufugerunt et Mittensem
urbem adeuntes Gisalberto et Heinrico se occursuros, ut
coniuraverant, speraverunt. Sed longe aliter eis contigit,
quoniam eos spes inanissima delusit . . . Wie vorsichtig
dagegen lautete Widukinds[1]) Bericht.

Zum Jahre 941 übersieht er es nicht, während alle
anderen Quellen schweigen, zu erzählen, dass Erzbischof
Friedrich in dem Verdachte stand, abermals ein Teilnehmer
an der Verschwörung zu sein: Fridericus archiepiscopus,
quia conspirationis huius particeps videbatur, publica se
examinatione, perceptione corporis et sanguinis Domini,
coram populo in ecclesia purgavit.

Dass ferner seine Darstellung des Ludolfingischen Aufstandes für Friedrich ungleich ungünstiger lautet als Widukinds
Bericht, ist oben bereits ausgeführt worden. Weder hier
noch sonst lässt er den Erzbischof als Vermittler des Friedens
und der Eintracht erscheinen, sondern gegen den König
direkt feindselig handeln[2]) quo audito (dass der König mit
einem Heere nahe) Fridericus archiepiscopus Mogontia
secessit et civitatem inimicis regis tuendam commisit. Ipse
Brisacam castellum, latibulum semper Deo regique rebellantium . . . Nur aus Milde[3]) spricht der König Friedrich
davon frei, durch einen Eid sich von der Beschuldigung zu
reinigen, dass er etwas gegen die dem Könige schuldige
Treue begangen habe.

---

1) II, 24—25.   2 Cont. 953.
3) Cont. 954 sed rex omni pietate plenus ob hoc cum sacra-
mento absolvit.

Schliesslich sei noch des zusammenfassenden Urteils gedacht, welches der Cont. aus Anlass seines Todes fällt[1]: Fridericus archiepiscopus obiit, vir in sancta religione strennuus et valde laudabilis, nisi in hoc tantum videbatur repreheusibilis, quod, sicubi vel unus regis inimicus emersit, ipse se statim secundum apposuit „Erzbischof Friedrich verschied, ein in der heiligen Religion eifriger und sehr lobenswerter Mann, wenn er nicht darin allein tadelnswert erschiene, dass, wenn irgendwo auch nur ein Feind des Königs sich erhob, er sich sogleich als Zweiten zugesellte."

Erinnern wir uns, dass Friedrich und Wilhelm Männer von durchaus gleicher Gesinnung und Parteistellung waren, und vergleichen wir damit die abträgliche Kritik, welche der Cont. an Friedrich übt, so kann kein Zweifel bestehen, dass der Verfasser der Fortsetzung nicht Wilhelms, wohl aber Brunos Standpunkt teilte.

Es erübrigt noch, Liudprands Antapodosis[2] kurz zu gedenken. Sie reicht nur bis zum Jahre 950. Soweit sie über Friedrich berichtet, zeigt sie sich durchaus zuverlässig. Im übrigen stimmt auch Liudprand in das verdammende Urteil über den Erzbischof ein, ohne jedoch von seinen Motiven zu reden. Mit nur unwesentlichen Abweichungen[3] vom Cont. und denselben mehrfach ergänzend, berichtet er, wie durch den Rat des Erzbischofs verleitet, die Bischöfe in grosser Zahl, bei nächtlicher Weile, den König, der vor Breisach lagerte, verliessen, während Friedrich mit „listigem Trug" bei ihm zurückblieb. Bald entfernt sich auch dieser vom Könige, „damit die Untreue, die er im Herzen trug, allen offenbar würde"[4]. Fridericus denique Magonciacensis eclesiae archiepiscopus, cuius consilio episcoporum nonnulli

---

1) Cont. 954.

2) Liudprandi episcopi Cremonensis opera omnia. Pertz 1839.

3) Nach dem Cont. z. B. verlässt Friedrich sogleich mit den anderen Bischöfen das Lager. Wichtig ist für die Beurteilung der Stimmung in Mainz, dass die Bewohner dem zurückkehrenden Erzbischof die Thore verschliessen u. a.

4) IV, 31.

regem dimiserant. ut quam occulte gestabat iam infidelitas
cunctis pateret. decem ferme ante praenominatorum diebus
interitum regem deseruit ac Magonciam concitus venit: in
qua nichil moratus. Metensem urbem adit. In Metz. wo
Bischof Adalbero ein eifriger Feind des Königs war, wollten
die Verschwörer sich sammeln und den König dann im Elsass
bekämpfen. Cumque illo pervenisset nominatus archiepiscopus,
insperate et non oportune nuntii ei occurrunt. qui iam prae-
libatos principes morte intercedente non vivere dicunt. Quo
audito. animo consternatus. quid faceret penitus ignorabat.

Berücksichtigt man diese Darstellung Friedrichs und
was er an anderer Stelle[1] über Hatto I.. einen früheren
Vorgänger Wilhelms. berichtet. so möchte Gundlachs[2]
Hypothese. dass auch Liudprand von Wilhelm inspiriert
worden sei. nicht ganz unbedenklich erscheinen.

Recapitulieren wir die Stellung der zeitgenössischen
Geschichtschreibung zu Friedrich von Mainz. so steht also
fest. dass in den vier in Betracht kommenden Quellen die
entgegengesetzte Tendenz mehr oder minder entschieden
zum Ausdruck kommt. Sowohl Widukind und Ruotger als
auch Luidprand und der Continuator sind unbedingte Parteigänger der Reichsregierung und überzeugte Vertreter des
herrschenden Systems. gegen welches die Mainzer Jahrzehnte
hindurch energisch Widerspruch erhoben. Die starke persönliche Animosität. die ausserdem bei Widukind sich zeigt.
hervorgerufen durch Friedrichs strenge Klosterpolitik. wird
allerdings mehr als reichlich aufgewogen durch ehrfurchts-
volle Scheu und Rücksichtnahme auf Wilhelm. den kirchlichen Oberen. Keine der Quellen. Ruotger ausgenommen,
wird durch Anführung der Gründe seiner Opposition dem
Erzbischof gerecht. Erscheint daher sein Bild schon in der
Zeitgeschichte stark getrübt. so kann es nicht Wunder nehmen.
wenn die moderne Historiographie so harte und. irre ich
nicht. zum teil ungerechte Urteile über ihn gezeitigt hat.

1) II. 6—7.
2) Gundlach 54. 55 u. a.

Es erübrigt nunmehr, die Grundsätze der Ottonischen Politik, vor allem soweit sie die Kirche betreffen, im Zusammenhange kurz darzulegen. Bekannt ist und oftmals erörtert, wie die centralisierende Tendenz der Karolingischen Epoche dem entgegengesetzten Prinzipe weichen musste. Das Resultat dieser decentralisierenden Entwicklung war im Anfange des 10. Jahrhunderts das neuentstandene Volksherzogtum. Dasselbe bedrohte die Einheit des Reichs und der Kirche zugleich. Und so reichen sich unter Konrad I. Krone und Episcopat die Hand zu seiner Bekämpfung. Bezeichnend für den Scharfblick, mit welchem der Klerus die neue Situation übersah, ist die grosse politische Kundgebung auf der Synode[1]) zu Hohenaltheim i. J. 916 zu Gunsten des Königtums. Nur in starker Königsmacht erblicken die Bischöfe eine sichere Garantie für die Einheit, Freiheit und Unabhängigkeit der Kirche. In diesem Sinne manifestieren sie[2]) pro robore regnum nostrorum und verdammen den jetzt häufig vorkommenden Bruch[3]) des Treueids. Sie beschwören[4]) alle bei Androhung des Bannes dem Könige die Treue zu wahren und von jeder Widersetzlichkeit abzulassen. Treulosigkeit gegen den König soll hinfort als ein Sakrileg mit den härtesten Strafen[5]) geahndet werden. Aber so feierlich und nachdrücklich auch die Worte der Synode lauten, so entschieden sich die Bischöfe für die uneingeschränkte Machtfülle des Königtums aussprechen, sie vermochten die Entwicklung der herzoglichen Gewalten weder rückgängig zu machen noch aufzuhalten. Wie schwach in Wirklichkeit Konrads Stellung war, veranschaulichen am deutlichsten seine urkundlichen Akte. Bis

1) Böhmer-Mühlbacher, Regesta imperii 2042 a.
2) cc. 19 u. 20.
3) c. 19.
4) c. 20 ut nemo intendat in interitum regis, nemo vitam principis nece attrectet, nemo regni cum gubernaculis privet, nemo tyrannica presumptione apicem regni sibi usurpet, nemo quolibet machinamento in eius adversitatem sibi coniuratorum manus associet.
5) c. 20.

jetzt kennen wir von ihm nur 38 echte Urkunden, deren
Empfänger, mit einer[1] einzigen Ausnahme, nur geistliche
Personen oder Stifter sind. Lässt diese geringe Anzahl auf
eine nur bescheidene Übung und Wirksamkeit der königlichen
Gewalt überhaupt schliessen[2], so zeigt sich des weiteren
bei einer Anordnung der Diplome nach ihren örtlichen Be-
zügen, wie der Einfluss der „Reichsgewalt" wesentlich auf
Franken beschränkt ist, während in den übrigen Herzogtümern die partikularen Gewalten dominieren.

Schlimmer noch und gefährlicher als die Schwäche des
fränkischen Königtums war für die Stellung des deutschen
Episcopats der Wechsel der Politik unter Heinrich I. Sein
Verzicht[3] auf die kirchliche Weihe war von programmatischer
Bedeutung. Dass nicht bloss Bescheidenheit ihn bestimmte,
sondern vielmehr ein politischer Gedanke, fühlte die Geistlichkeit deutlich heraus. In der Vita Oudalrici[4] wird erzählt, wie der heilige Petrus dem Bischof Udalrich in einem
Gesichte erscheint und ihm zwei herrliche Schwerter, das
eine mit, das andere ohne Handgriff, mit folgenden Worten
zeigt: Die regi Heinrico, ille ensis qui est sine capulo sig-
nificat regem qui sine benedictione pontificali regnum tenebit;
capulatus autem, qui benedictione divina regni tenebit guber-
nacula. „Sage dem König Heinrich, dass jenes Schwert
ohne Griff einen König bezeichnet, welcher das Reich ohne
bischöflichen Segen inne hat, das mit dem Griff aber einen
solchen, der die Zügel der Regierung mit göttlichem Segen
führt."

Es ist ganz klar, was Heinrich von vornherein erstrebte.
Mit Scharfblick erkannte er einerseits die Unmöglichkeit,
das Herzogtum, wie es sich im Gegensatz zur fränkischen

1) DK. 27. Aber auch hier ist wenigstens der Intervenient eine
geistliche Person, Bischof Thioto von Würzburg, unterstützt von
einem andern Bischof, erwirkt seinem Vasallen Albwin den Ort
Sulzfeld.
2) Kehr. Syb. H. Z. 1891, 389).
3) Waitz, Heinrich I., III. Aufl., 40, Hauck 16ff.
4) SS. 4, 389.

Staatsordnung entwickelt, schlechthin zu verneinen, während
ihm andererseits die neu zu begründende Reichseinheit mit
einer gewissen Sonderstellung der Stämme wohl verträglich
erschien. Und auf diesen Weg wies ihn seine eigene Ver-
gangenheit. So schliessen Königtum und Herzogtum ihren
Frieden, indem Heinrich den Herzögen die staatsrechtliche [1])
Anerkennung gewährt, während diese ihr Land vom Könige
als Lehn empfangen und sich als seine Vasallen bekennen.
Nunmehr macht auch die Reichskanzlei von dem vorher
sorgfältigst vermiedenen Titel [2]) dux Gebrauch.

Dieser Ausgleich war für den Episcopat, gleichsam
die dritte Macht im Reiche, ein harter Schlag. Nicht bloss,
dass er seinen bisherigen Bundesgenossen verlor, auch die
Kosten des Ausgleichs selbst musste er wesentlich mit
tragen. So gab Heinrich die Rechte der Krone über die
bairische Kirche preis und räumte dem Herzog Arnulf das
wichtige Recht ein, die bairischen Bischöfe zu ernennen [3]).

1) Diese staatsrechtlichen Vorgänge verbergen sich in der nur
äusserlichen Darstellung Widukinds, nach welchem die Herzöge von
Franken, Schwaben und Bayern sich dem Könige mit ihrem Volke
und Reiche tradieren, und dann vom Könige die tradierte Herrschaft
zurückerhalten. I, 26 Evurhardus adiit Heinricum seque cum omnibus
thesauris illi tradidit, pacem fecit, amicitiam promeruit. I, 27 Hic
(Burchardus) cum esset bellator intolerabilis, sentiebat tamen, quia
valde prudens erat, congressionem regis sustinere non posse, tradidit
semet ipsum ei cum universis urbibus et populo suo und Arnulfus ...
egressus est ad regem, tradito semet ipso cum omni regno suo. Qui
honorifice ab eo susceptus, amicus regis appellatus est. Dazu Liudprand
II, 23 Arnaldus Heinrici regis miles efficitur. Was hier von dem
mächtigsten Herzog direkt ausgesagt wird, ist ohne weiteres auch für
die übrigen zu folgern. Vergl. Sickel, Das Wesen des Volksherzogthums.
Syb. H. Z. 1884, 422.

2) D. D. H. 10, 14, 15, 30, 40 u. a. Unter Konrad I. ignoriert
die Kanzlei diesen Titel mit Ausnahme von D. K. 15, wo es von dem
bereits verstorbenen Herzog Otto von Sachsen heisst Ottonis reverandi
ducis und vom König Konrad selbst nostrum, tunc tempore ducis,
supplementum.

3) Nach Liudpr. Antap. II, 23 sagen die bairischen Grossen zu
ihrem Herzog Aequum autem iustumque nobis videtur, ut ... quod
decessores non habuere tui, tibi concedatur, scilicet quatinus totius

Die Folgen[1]) traten alsbald deutlich hervor. Der Einfluss des Königs auf die bairische Landeskirche hörte gänzlich auf. Der bairische Klerus erscheint nicht mehr auf den allgemeinen Versammlungen des Reichs, wohl aber tagen wieder, wie zu Herzog Thassilos Zeiten, bairische Generalsynoden, deren Akten nicht nach Jahren des Königs, sondern regnante Arnolfo venerabili duce rechnen. Fügen wir hinzu, dass auch in den übrigen[2]) Herzogtümern der Einfluss der Herzöge auf die Landeskirche, vor allem auf die Ernennung[3]) der Bischöfe, sich in aufsteigender Richtung bewegt, so musste die Kirche, schritt diese Entwicklung fort, allmählig in völlige Abhängigkeit von den lokalen Gewalten geraten. Dann aber war es um die Einheit der deutschen Kirche geschehen und mit ihr um die Einheit des Reichs.

Wie wenig Heinrich die Kirche begünstigt und welch geringes Interesse er für sie bekundet, mehr in der nationalen Kraft als in ihr seine Stütze suchend, das wird abermals durch die Urkunden glänzend bestätigt. Fanden wir schon die Zahl[4]) der unter Konrad I. in noch nicht ganz

Bagoariae pontifices tuae subiaceant dicioni, tueque sit potestati, uno defuncto alterum ordinare. Dann weiter unten Arnaldus . . . concessis totius Bagoariae pontificibus honoratur. Bestätigt wird dies durch Thietmar I, 26, z. J. 937 . . . Arnulfus . . . ., qui omnes episcopatus in hiis partibus constitutos sua distribuere manu singularem habuit potestatem; sed . . . non successoribus suis tantum reliquit honorem. Quin potius reges nostri et imperatores . . . hoc soli ordinant.

1) Hauck, 18.
2. Hauck, 19, 20. Sigeh. mirac. s. Maxim. SS. 4, 232 fratres . . . intollerabili affictione a Gisilberto depressi, regiam clementiam adierunt, quidque incommodi a duce paterentur, conquesti sunt. Nichil tamen tanto labore assumpto proficientes, indignationem magis praedicti ducis, immeriti licet, emeruerunt und M. R. U. B. 1, S. 716, v. J. 975 tyrannorum principum successione tempore Giselberti ducis seu Conradi ab invasoribus episcopium omne direptum est, ecclesiae destructae, possessiones direptae. Über die „Beraubungen" der Kirche durch die Herzöge denn so nennen die Kleriker die Verfügung der Herzöge über das Kirchengut, s. Schottmüller, Entstehung des Stammesherzogtums Bayern, S. 118 ff.; Waitz, Heinrich I., 58; Riezler, Gesch. Bayerns, 322 ff.
3) Hauck, Programm 13 ff.   4) 39.

acht Jahren ausgestellten Diplome klein, so übt die Reichskanzlei unter Heinrichs Regierung eine noch weit geringere
Thätigkeit aus. In derselben Zeit hat Heinrich nur etwa
die halbe[1]) Zahl von Diplomen ausgestellt, und in den 36
Diplomen für geistliche Empfänger enthält die weit über-
wiegende Mehrheit nur Bestätigungen alter Gerechtsame oder
Tauschverträge, während nur 11 etwa von neuen Schenkungen
handeln. Charakteristisch schliesslich und bezeichnend für
Heinrichs Richtung ist das völlige Zurücktreten des geistlichen Elements in der Intervention.

Mit Otto d. Gr. tritt abermals ein Wechsel der Politik
ein. Wieder lassen die Formen der Erhebung sein politisches
Programm deutlich erkennen. In Aachen verschmäht er es
nicht, sich von der Geistlichkeit krönen und salben zu lassen,
während die Herzöge bei dem Festmahl Dienste leisten.
Es bedeuten diese Vorgänge nichts anderes als die voll-
ständige Negation des von seinem Vater geschaffenen Zustandes und die bewusste Rückkehr zu den Prinzipien der
Karolingerzeit. Der jugendliche Herrscher beansprucht die
volle Machtfülle der Monarchie, er will nicht bloss Herzog
von Sachsen, sondern deutscher König sein, nicht neben,
sondern über den Herzögen will er stehen. Dieses Programm
dessen Ausführung sofort neue Konflkte zwischen Krone
und Herzogtum heraufbeschwören musste, setzte aber not-
wendigerweise die Hilfe der Kirche voraus. Daher die
kirchliche Weihe in Aachen. Und so verfolgt die innere
Politik Ottos von vornherein zwei Ziele mit konsequentem
Eifer, das Volksherzogtum faktisch in das Reichssystem
einzufügen, d. h. ihm nur die Bedeutung eines Reichsamtes
zu lassen und andererseits die Macht der Kirche zu stärken,
um in ihren Organen ein heilsames Gegengewicht gegen
die partikularen Tendenzen der Laiengewalten zu besitzen.
Bekannt ist, wie schnell dem Könige das erstere gelungen,
wie er der herzoglichen Würde den Charakter des Amtes
aufdrückt, indem er uneingeschränkt über sie verfügt und

---

1) 41.

Herzöge nach freistem Ermessen einsetzt und absetzt.
Aber nicht minder bekannt ist, wie auch das vom Könige
verliehene herzogliche Amt, selbst in den Händen der Prinzen
und sonstigen Verwandten der königlichen Familie, sich als
unzuverlässig erwies. Je deutlicher aber sich zeigte, dass
ein Ausgleich zwischen den centralisierenden Tendenzen des
Königtums und den centrifugalen Bestrebungen der weltlichen Grossen unmöglich war, desto entschiedener lenkte
die Reichsregierung ein in die kirchlichen Bahnen.

Die meisten[1] Darstellungen der Geschichte Ottos 1.
pflegen in den fünfziger Jahren eine völlige Schwenkung
seiner inneren Politik anzunehmen. Die erste Hälfte seiner
Regierung sei das Zeitalter der dominierenden Laiengewalten,
während erst in der zweiten der Krummstab herrsche. Ich
vermag mich dieser Auffassung nicht anzuschliessen. Nicht
um einen Wechsel des politischen Systems handelt es sich
in jenen Jahren, sondern um die reichen Früchte einer
gleich von Anfang an konsequent durchgeführten Politik.
Wenn die damals freiwerdenden Metropolitansitze von Köln,
Mainz und Salzburg in die Hände von königlichen Verwandten oder Parteigängern gelangen und wenn jetzt auch
in der weitüberwiegenden Mehrzahl der Bistümer die Opposition mehr und mehr verstummt, so ist daran zu erinnern,
dass Otto die Besetzung der kirchlichen Ämter schon in
den ersten Jahren genau nach denselben Grundsätzen hand-
habt wie am Ende seiner Regierung. Er betrachtete die
Ernennung der Bischöfe als ein Vorrecht[2] der Krone, und
schwerlich ist ohne seine Zustimmung auch nur ein Bischof
zu seiner Würde gelangt. Nur allmählich natürlich konnten
die beabsichtigten Folgen dieser Politik sich zeigen. Nicht
selten täuschte sich Otto in der Auswahl der Personen,
noch öfter mochte es in den ersten Zeiten überhaupt an
geeigneten Kandidaten fehlen. Erst als die alte Generation

[1] Lamprecht, D. Gesch. 150 ff.; Manitius 130, 1; Martin 1;
Giesebrecht 438 ff.; Maurenbrecher in S. H. Z. 1861, 145; Kehr, S. H.
Z. 1891, 410; eine vermittelnde Stellung nimmt Gundlach 5 ein.
[2] Hauck, Programm 24 ff.

des deutschen Episcopats ausgestorben und durch jene neue Richtung ersetzt war, welche in Ottos und Brunos[1] Geist erzogen, Verständnis und Neigung, mitbrachte, an den Aufgaben des Staates mitzuarbeiten, erst da trat im Reiche jener Zustand ein, über welchen Ruotger[2] den König also sich äussern lässt: hoc est quod in acerbis meis me maxime consolatur, cum video per Dei omnipotentis gratiam nostro imperio regale sacerdotium accessisse. Diese enge Verbindung zwischen imperium und sacerdotium setzt aber lange Jahre treuer, steter Arbeit voraus.

Im übrigen findet diese Auffassung in den Quellen und Urkunden ihre Bestätigung. Freilich würden wir nach direkter Belehrung hierüber vergeblich suchen, allein die Logik der Thatsachen, vor allem der in den Diplomen verkündenten Acta, zwingt uns dazu, diese geistlich politische Richtung von Anfang an vorauszusetzen.

Gleichsam an der Schwelle von Ottos Regierung steht die reiche[3] Dotierung des neugestifteten Nonnenklosters zu Quedlinburg. Im Jahre darauf erfolgt in besonders feierlicher Weise die Gründung[4] des Magdeburger Moritzklosters. Erzbischöfe und Bischöfe aus Sachsen und Franken, Schwaben und Lothringen umgeben den König. Dies und die glänzende Ausstattung der jungen Stiftung spricht keineswegs bloss für Frömmigkeit als Leitmotiv der Gründung. Es war vielmehr ein Akt von eminent politischer Bedeutung, die erste vorbereitende Massregel zur Wendenmission, für welche sein Vorgänger Heinrich I. nichts gethan. Wie einst der

1) Über die grosse Bedeutung der Kanzlei und noch mehr der Kapelle für die Heranbildung eines in weltlichen Geschäften geschulten und gleichmässig vorgebildeten Reichsklerus handelt in der anziehendsten Weise Giesebrecht 330 ff. Dazu vgl. Kehr, Die Urkunden Otto III., 24.

2 c. 20. Vor Mainz i. J. 953.

3) DO. 1. Die erste Königsurkunde mit Ottos Namen ist allerdings DO. 466 zu Gunsten der Nonnen in Alden-Eyck, ausgestellt noch in Aachen inmitten der Krönungsfeierlichkeiten 936 Aug. 8.

4) DO. 14 consiliantibus nobis episcopis qui tunc in praesenti erant, Friderico videlicet et Adaldago . . .

grosse Karl Sachsen und Salven durch Schwert und Kreuz bezwungen, so sollte auch jetzt in den nur erst mit dem Schwerte eroberten Wendengebieten durch Einführung des Christentums die Germanisierung vor sich gehen. In Konsequenz derselben Politik[1]) enstehen nach weiteren zehn Jahren die Bistümer Havelberg und Brandenburg. Lassen diese Akte die grossen Aufgaben deutlich erkennen, welche Otto von vornherein der Kirche stellte, so lernte er den Wert ihrer Stütze frühzeitig auch noch in anderer Beziehung kennen. Es ist eine ansprechende und nicht von der Hand zu weisende Vermutung[2]) Haucks, dass die Entscheidung, welche Otto i. J. 937 in Magdeburg über Eberhard von Franken traf, nicht ohne Mitwirkung und Zustimmung der dort versammelten geistlichen Aristokratie erfolgte. Wieder also wie in den Tagen König Konrads traten Krone und Episkopat der vordringenden Herzogsgewalt mit gemeinsamen Kräften entgegen. Und diese wertvolle Stütze sich auch ferner zu sichern, war für Otto um so mehr Bedürfnis, ja gebieterische Notwendigkeit, je trotziger sich auch in den nächsten Jahrzehnten die Herzogsgewalt zeigte. Mit Sicherheit aber konnte er nur dann auf die Machtmittel der Kirche rechnen, wenn er sie beherrschte[3]), vor allem sie wieder von dem Einflusse der Herzöge befreite. Daher nimmt er von Anfang an die Ernennung der Bischöfe als ein königliches Recht in Anspruch, während andererseits Berthold[4]) von Baiern i. J. 938 dies wichtige, seinen Vorgängern gewährte Privileg nicht erhält. Durch ganz Deutschland waltet der Bischof kraft königlicher Ernennung[5]) seines

---

1) DDO. 76, 105.
2) p. 28.
3) Die Gründe des zeitweiligen Schwankens des Episkopats zeigt die interessante Stelle Widuk. III, 27 non minima quoque caeteris pontificibus cunctatio erat in Boioaria, dum favent partibus, nunc regi assistendo, nunc alienas partes adiuvando, quia nec sine periculo alienabantur a rege nec sine sui detrimento ei adhaerebant.
4) Ottenthal Reg. 69.
5) Vita Oudalr. cc. 1, 21—23, 28.

Amtes, vom Könige erhält er das Symbol seiner Würde,
den Bischofstab [1]).

Und diese Kirche, die der König nunmehr durch treu
ergebene Bischöfe beherrscht, die, je länger je mehr, sich
der Krone als zuverlässigste Stütze erweist, trägt er kein
Bedenken mit immer neuen Machtmitteln und weltlichen
Herrschaftsrechten der verschiedensten Art verschwenderisch
auszustatten [2]), „denn das Reichsgut wurde nicht entfremdet,
indem es Kirchgut wurde; es wurde nutzbar gemacht; das
gesamte Kirchengut erschien, was es doch seinem Ursprung
nach nicht war, als Reichsgut“. Keine Erblichkeit bedrohte
das Anrecht der Krone, immer von neuem vergab der König
beim Tode des Bischofs oder Abtes das Amt nach freiem
Ermessen.

Nichts spricht deutlicher für die grundsätzliche Stärkung
der kirchlichen Macht durch Otto als die grosse Anzahl
seiner urkundlichen Akte zu Gunsten der Kirche. Bekannt
sind bis jetzt nicht weniger als 435 echte Diplome. Rechnen
wir dazu die 27, welche im Namen des Thronfolgers [3]) aus-

1) Hauck, Programm 40. Vita Oudalr. cc. 1, 23, 25, 28. Thietmar
II, 21.

2) Hauck, Kirchengesch. 56.

3 Otto II. besass als Prinz weit grösseren Einfluss auf die Angelegenheiten des Reichs als sein unglücklicher Stiefbruder Liudolf,
Frühzeitig übt er die wichtigsten Regierungsakte aus. Er urkundet
selbständig und interveniert im weitesten Umfange, wenn auch zumeist
neben seiner Mutter Adelheid DDO. 215, 311, 317, 318, 325. 327, 363.
369, 381—83, 387, 391. 406, 421, 424. Nicht selten vollzieht er mit
seinem Vater gemeinsame Regierungsakte DDD. 235, 410, 414, 416.
Er führt den Titel rex DDO. 235, 269, 333, DDO. II. 1—16; imperator
und coimperator DDO. 363, 406, 410 u. a., DDO. II, 17—27. In italienischen Urkunden wird nach Jahren seines Königs- und Kaisertums
gerechnet DDO. 269, 398—400, 416. Auch sonst nehmen die Urkunden
häufig von ihm Notiz, fast regelmässig z. B. bei Schenkungen für
Magdeburg pro statu regni nostri et pro remedio anime nostre dilec-
teque coniugis nostre Adalheide dilectique filii nostri regis Ottonis.
Liudolf, obgleich bedeutend älter, war ungleich schlechter gestellt.
Von den allgemeinen Reichsangelegenheiten wurde er völlig fern gehalten, denn seine Intervention beschränkt sich erst auf die säch-

gestellt sind, so beläuft sich die Gesamtzahl auf 462, ein glänzendes Zeugnis für die intensive und umfangreiche Wirksamkeit der königlichen Gewalt. Nur etwa 67 davon kommen auf weltliche Empfänger, die übrigen 394 sind für die Kirche oder kirchliche Personen bestimmt. Unter diesen hinwiederum enthält nur ein verschwindender Teil ausschliesslich Bestätigungen alter Gerechtsame, während in 277 neue Verleihungen gemacht sind. Scheiden wir davon aus die 41 Urkunden für Italien und DO. 415 für Kloster Cluny, so ist die deutsche Kirche etwa mit 225 Schenkungen bedacht. Nichts kennzeichnet den Charakter des Ottonischen Regiments deutlicher als diese Zahl, zumal wenn man die spärlichen Schenkungen Heinrichs I. danebenhält.

Ordnet man weiter nach zeitlichem Gesichtspunkt, so fällt auf die erste Hälfte der Regierung Ottos, etwa bis 955 gerechnet, eine nur um ein wenig geringere Zahl von Schenkungen als auf die folgenden Jahre. Berücksichtigt man dabei, dass die ersten Jahrzehnte infolge der inneren Wirren und äusseren Kämpfe dem Beurkundungsgeschäft nicht eben günstig waren, dass ferner die damalige geistliche Opposition Ottos Plan, die Kirche durch Verleihung neuer Machtmittel zu stärken und mit ihrer Hilfe den Widerstand der Herzöge zu lähmen, oftmals durchkreuzte, ja vielfach unmöglich machte, so zeigt sich auch hierin, wie Ottos Regiment von Anfang an durchaus geistlich war und dass von einem Systemwechsel in den funfziger Jahren nicht die Rede sein kann.

Auch in den Interventionen[1]) vermag ich einen Wechsel der Politik nicht recht zu erkennen. Bis zum Jahre 953 liegen 171 Diplome vor, von denen etwa 53 keine Intervention

sische Heimat, dann auf sein Herzogtum Schwaben DDO. 3, 7, 64, 69 . . . 108, 125, 139, 155. Auch den Titel rex hat er nicht geführt. So versteht man die nur geringe Befriedigung, welche der ehrgeizige, bereits designierte Thronerbe in seiner Stellung fand. Vgl. Kehr 410, 2.

1) Kehr sagt 410 „dergestalt kommt auch in der Intervention der grosse Wechsel in der Politik Ottos I. zum Ausdruck: es sind die Bischöfe, auf welche er seine kaiserliche Herrschaft stützt" und 409.

aufweisen. In den übrigen[1]) leisten weltliche Personen 79 Mal Fürbitte, während die Geistlichkeit nur in 61 Fällen interveniert. Dies würde, rein äusserlich betrachtet, allerdings den überragenden Einfluss der Laiengewalten in dieser Periode bestätigen. Allein die Qualität der Interventionen entscheidet für das Gegenteil. Am häufigsten unter den weltlichen Fürbittern werden genannt die Herzöge Hermann von Schwaben und Konrad von Lothringen, Heinrich von Baiern und Liudolf von Schwaben. Ihnen reihen sich an des Köngis Gemahlinnen Editha und Adelheid[2]), Ottos Mutter Mathilde und Tochter Liutgard, Liudolfs Tochter Idä und Giselbert von Lothringen. Berücksichtigt man, dass diese Personen sämtlich, mehr oder weniger nahe, der königlichen Familie angehören, und dass sich die Fürbitte der Herzöge[3]) im wesentlichen auf ihre Amtsbezirke beschränkt, während auch die übrigen fast nur in Angelegenheiten des königlichen Hauses intervenieren, so ist der Schluss unabweisbar, dass in diesen Interventionen weniger die Tendenz der königlichen Politik überhaupt als vielmehr der dynastische Charakter des Ottonischen Regiments zum Ausdruck gelangt. Und daran ändert nichts die nur spärliche Fürbitte von solchen Personen, welche nicht mit der Familie des Königs verwandt sind.

Ganz anders geartet hingegen ist die Intervention der Geistlichkeit. An Quantität zwar geringer, aber an Qualität

1) Solche Urkunden, wo geistliche und weltliche Personen nebeneinander intervenieren, habe ich doppelt gezählt.

2) Den einzig dastehenden politischen Einfluss der Adelheid hat Kehr an der Hand vor allem der urkundlichen Intervention überzeugend nachgewiesen 410 ff. Für die erste Periode Ottos kommt sie weniger in Betracht. Zum ersten Mal leistet sie Fürbitte DO. 141 v. J. 952 Februar 6.

3) In grösserem Umfange interveniert nur Heinrich in DDO. 31, 32, 59, 60, 72, 73, 83, 114, 126, 135, 161, 171. Es sind Empfänger aus allen Teilen des Reichs. Später leistet er noch Fürbitte in DDO. 173, 179. Wie es mir scheinen will, messen die erzählenden Quellen ihm mehr Bedeutung und Einfluss zu, als er thatsächlich besessen hat.

desto charakteristischer und vorzüglicher, zeigt sie deutlich
und unverkennbar, in welcher Richtung sich bereits in dieser
Periode die Politik des Königs bewegt. Der Name Bruno
ist bezeichnend dafür. Kaum erst den Knabenjahren [1] ent-
wachsen, erscheint er nicht weniger als 28 Mal in der Intervention. Seiner Fürbitte [2]), mag auch er ein Angehöriger
des königlichen Hauses sein, kommt eine besondere politische
Bedeutung zu. Sein Einfluss erstreckt sich über das ganze
Reich. Für Empfänger weltlichen und geistlichen Standes,
aus allen Teilen des Reichs, aus Deutschland gleich wie
aus Italien, leistet er Fürbitte. Fügt man hinzu die hohe
politische Bedeutung, welche ihm schon das Kanzleramt [3])
verlieh, so ist keineswegs zu viel gesagt, wenn man be-
hauptet, er war schon jetzt nächst dem Kaiser der grösste
und einflussreichste Mann im Reiche. Glänzend wird so die
Nachricht seines Biographen bestätigt, welcher bei der Berufung Bruns in das Lager vor Mainz i. J. 953 also sagt [4]):
Novum itaque Agripinae civitatis custodem et designatum
antistitem imperator ad novum invitavit consilium, expertus,
quid ante hanc iniunctam ei curam mente linguaque posset.
„Den neuen Wächter und ernannten Bischof (Bruno) der
Stadt Agrippina also lud der Kaiser zu dieser Beratung
von neuer Art ein, da er von früher her, noch ehe jenem
diese Würde übertragen war, wusste, was er in Rat und
Rede vermöge." Kurz, der Bischof ist es, auf welchen Otto
sich frühzeitig stützt.

Auch nach ihrem Inhalt die Urkunden zu ordnen, verbreitet interessantes Licht auf die Stellung und Weiter-

1) Etwa 925 geboren. Hauck 41, 6.
2) Er interveniert in Urkunden für Corvei, Kempten, Utrecht
die Grafen Gero und Eberhard, Cambrai, Kornelimünster, den Erzbischof Rotbert von Trier, Weissenburg, Eichstädt, Frohse in Sachsen,
Fulda, den Archipresbyter Eistulf in Vercelli, Verona, Mailand, Pavia,
Chur, Gesecke, S. Peter i. Worms, Lorsch, Kloster Oeren zu Trier,
S. Maximin.
3) Zum ersten Male erscheint er als Kanzler in der Recognition
DO. 35 v. J. 940 September 25.
4) Ruotger c. 17. Vgl. oben 26 ff.

entwicklung der kirchlichen Macht. Obenan stehen 132
Schenkungen von Grund und Boden, daran reihen sich 31
Verleihungen von Zoll, Münze, Zehnten und sonstigen fis-
kalischen Einkünften. Auch Fischerei, Wildbann und Markt-
recht werden einige Male geschenkt. Handelt es sich hierbei in erster Linie um finanzielle Massnahmen, so haben
hingegen die zahlreichen Verleihungen und Bestätigungen
von Immunität und Wahlrecht[1]) vor allem politische Bedeutung. Nicht weniger als 25 Bistümer und Stifter erhalten die erstere, darunter[2]) die bischöflichen Kirchen von
Hamburg, Salzburg und Speier; in weiteren 31 Fällen wird
sie von neuem bestätigt, so dass ausser den oben genannten
noch folgende[3]) Bistümer sich im Besitze dieses wichtigen
Privilegs befinden: Halberstadt, Utrecht, Osnabrück, Cambrai,
Trier, Minden, Verdun und Worms. Nehmen wir nun an,
dass uns nur ein Teil der verliehenen Immunitäten bekannt
ist und berücksichtigen wir den neuen Charakter, welchen
durch Otto die Immunität erhielt, indem ihre Angehörigen
von jeder öffentlichen Gerichtsbarkeit eximiert wurden, überhaupt jede Amtshandlung der öffentlichen Beamten, vor allem
der Grafen, auf dem immunen Gebiete unterblieb und durch
bischöfliche Beamte ersetzt wurde, so leuchtet ein, welch
grosse Veränderung damals nicht bloss mit der Kirche sondern
mit dem ganzen Reiche sich vollzog. Die Bischöfe be-
gannen die ihnen feindseligen Laiengewalten zu überholen,
sie brauchten nicht mehr zu fürchten, in ihre Abhängigkeit
zu geraten, wie Landesherren herrschten sie in ihren durch
Schenkung, Kauf und Tausch mehr und mehr sich schliess-
senden und abrundenden Gebieten.

---

1) Das Wahlrecht wird 29 Mal verliehen, unter anderem an die
Bistümer Hamburg und Würzburg DDO. 11. 44. Ausserdem wird es
18 Inhabern von neuem bestätigt, darunter den bischöflichen Kirchen
Halberstadt und Minden DDO. 7. 227. Über den Wert des Wahlrechts
vgl. Hauck, Programm 40.
2) DDO. 11, 68, 379.
3) DDO. 7, 19, 20, 39, 86, 227, 297, 310, 421,

Wo aber Otto in so reichem Masse finanzielle und politische Herrschaftsrechte verlieh, da gab es auch weltliche Pflichten zu erfüllen. Streng hielt er auf die Erfüllung der Lehnspflicht der Bischöfe, vor allem der Heeresfolge. Mit dem Bischof hat er seine Schlachten geschlagen. Oftmals schon ist jenes treffliche, vom Priester Gerhard entworfene Charakterbild wiederholt, wie „der[1]) Bischof Udalrich während des Kampfes vor Augsburg, mit der Stola angethan, aber weder durch Schild noch Helm und Panzer geschützt, zu Pferde sitzt und unverletzt bleibt von den allenthalben herumschwirrenden Pfeilen und Steinen." Und in welcher Stärke die geistliche Ritterschaft an den Heerfahrten des Kaisers teilnahm, zeigt ein etwas später erfolgtes Aufgebot[2]), beim Römerzuge Ottos II. 980, wonach die geistlichen Fürsten nicht weniger als 1482, die weltlichen zusammen nur 508 loricati zu stellen hatten.

Allbekannt und vielfach erprobt war Abt Hadamars Talent als Diplomat[3]). Auch zum Hofdienst und zu den Reichstagen mussten Bischöfe und Äbte erscheinen und wurden dadurch ihren kirchlichen Sprengeln oft und lange entzogen. Vom Erzbischof Adaldag[4]) wird überliefert, dass er fünf Jahre seine Gemeinde nicht gesehen habe, und Bischof Udalrich, an welchen der Hofdienst ebenfalls hohe Ansprüche stellte, erhielt, wie es scheint, erst nach langem[5]) Drängen den begehrten Urlaub in die schwäbische Heimat. Sein Biograph, nicht minder gut kaiserlich als Ruotger, teilt des weiteren die Erlaubnis des Hofes mit, dass statt des

1) Vita Oudalr. c. 12 episcopus super caballum suum sedens, stola indutus, non clipeo aut lorica aut galea munitus, iaculis et lapidibus undique cirba eum discurrentibus, intactus et inlaesus subsistebat.
2) Jaffé, Biblioth. V, Mon. Bamberg. 471.
3) Jaffé, Biblioth. III, 350; Ruotger c. 26; Wid. c. 37: Jaffé Reg. 2792—2794.
4) Hauck 52.
5) Vita Oudalr. 1 ipse vero interim regis occupatus obsequiis, cursum direxit ad curtem; ibique apud aulicos digno honore diu retentus) tandemque rquisita salubri licentia domum repedavit.

Bischofs sein Neffe Adalbert[1] „die vom Kaiser verlangten Heerfahrten mit den bischöflichen Reisigen mache und statt seiner zur beständigen Dienstleistung bei Hofe bleiben durfte, und zwar zu dem Zwecke, damit der Bischof dem Dienste Gottes, der Aufsicht über die ihm anvertraute Gemeinde und der Sorge für das Beste der Kirche obliegen könnte." Oben war wiederholt von Brunos noch weit umfangreicheren weltlichen Geschäften die Rede, und wie auch ihn, den entschiedensten Vorkämpfer des herrschenden Systems, non sua libido, set populi necessitas attraxit. Es ist ganz klar, auch dem dem Kaiser treu ergebenen Teil des deutschen Episcopats entgingen die Schattenseiten des neu gewordenen Zustandes nicht. Wohl mochte man es dankbar anerkennen, wie durch des Kaisers Fürsorge die politische Unabhängigkeit von den Laienfürsten gewährleistet war, aber nicht minder erkannte man in weiten Kreisen schon jetzt die grosse Gefahr, in welcher sich die Kirche befand, indem durch Vereinigung von weltlichen und geistlichen Pflichten und Rechten in einer Hand das bischöfliche Amt der Verweltlichung sichtbar verfiel. So wenig diese ganze Entwicklung dem Geiste der alten Kanones entsprach, so wenig mochte man gelegentlich sich scheuen, sie auch in ihren einzelnen Satzungen zu verletzen. Ein Beispiel, wie lax in gewissen Kreisen die Achtung und Auffassung von den kirchlichen Gesetzen war, zeigt ein interessanter Vorfall in der Augsburger Kirche. Bischof Udalrich, welcher vom Kaiser seinen Neffen Adalbero als Stellvertreter nur in den weltlichen[2] Bischofsgeschäften erbeten und auch erhalten hatte,

---

1) c. 3 concessum est eius avunculo episcopo Oudalrico, ut praefatus Adalbero in eius vice itinera hostilia cum milicia episcopali in voluntatem imperatoris perageret et in curte imperatoris eius vice assiduitate servitii moraretur. ea videlicet causa, ut praefato praesuli Dei servicio et custodiae gregis commendati et utilitatibus aecclesiae immorari licuisset.

2) c. 21 flagitare coepit, ut . . . Adalberoni procurationem sui episcopatus regimenque super familiam et omnia negocia secularia ad eum pertinentia fideliter firmiterque commendaret und c. 23 cum an-

wurde, weil sich dieser weit mehr als der Kaiser gewährt
hatte, anmasste, nämlich auch den bischöflichen Stab öffentlich
trug, zur Verantwortung vor die Synode berufen. Hier
sprach er wiederholt die mit den kirchlichen Bestimmungen
völlig unvereinbare Bitte aus, dass Adalbero noch zu seinen
Lebzeiten als Bischof ordiniert würde.

Schliesslich sei noch daran erinnert, wie oft bei der
Bischofsernennung durch den Kaiser weniger die geistliche
Fähigkeit des Kandidaten als vielmehr seine politische
Qualität den Ausschlag gegeben haben mag.

Man versteht, dass sich gegen diese von Otto der
Kirche vorgezeichneten Bahnen eine kirchliche Opposition
erhob, ja erheben musste. Vor allem der ältere Teil des
deutschen Episcopats, welcher nicht in der Kapelle für den
Staatsdienst vorbereitet, sondern in der Stille des Klosters
inmitten geistlicher Studien herangewachsen und von theo-
logischer Bildung getragen war, konnte sich von der Entwicklung der kirchlichen Dinge nur unbefriedigt fühlen.
Die zeitgenössischen Geschichtschreiber gehen aus bekannten
Gründen über diese oppositionellen Stimmungen hinweg, nur
ganz allgemein auf sie anspielend. Nur Ruotger spricht offen
davon, und nur durch ihn lernen wir den Führer dieser Opposition kennen: Es war unser Erzbischof Friedrich von Mainz.

Im Kriegslager vor Mainz lässt Ruotger[1] den König
folgende Worte zu Erzbischof Bruno sagen: Dicent fortasse,
bellis haec sedanda esse, quae ad te non pertineant, quae
tui minysterii dignitatem non deceant. Huiusmodi fraudulenta
verborum iactantia istius metropolis praesul, vides, quantos
seduxit, quantos ad civilis cladis rabiem illexit „Sie (die
oppositionelle Geistlichkeit) werden vielleicht sagen, es
seien das Dinge, welche mit den Waffen geordnet werden

titites ibidem congregati Adalberonem baculum episcopalem puplice
portare cognovissent, irati sunt contra eum, et dicebant, ut contra
canonicae rectitudinis regulam in heresim lapsus fuisset, et quod pon-
tificalis honorem sublimitatis vivente episcopo sibi plus iusto vendi-
caret und weiter unten desideravit, ut praedictus suus nepos ordinaretur.
1) c. 20,

müssten, und deshalb ausserhalb Deines Gebietes lägen, welche der Würde Deines göttlichen Amtes nicht geziemten· Sieh, wie viele durch solche trügerische Worte der Vorsteher jenes Erzbistums (Mainz) verführt, wie viele er in den Strudel des bürgerlichen Krieges hineingezogen hat." Doch an anderer Stelle[1]) wird Ruotger seinem Gegner gerecht; er steht nicht an auszusprechen, in welch hoher Achtung Friedrich trotz seiner Opposition in weiten Kreisen, selbst im Heere des Königs stand. Die archiepiscopo loci varius principum aeque et vulgi sermo fuit: alii innocentiam eius in coelum ferre, virtutes praedicare, ea quae passim, et in illis praesertim partibus, per civile malum perperam agebantur, ipsi prae omnibus odiosa dicere. „Über den Erzbischof war das Urteil der Fürsten und des Volkes geteilt: Einige erhoben seine Rechtlichkeit bis in den Himmel, rühmten seine Tugenden und erklärten, dass alle Unruhen, die an verschiedenen Orten und besonders in diesen Gegenden ausgebrochen, ihm vor allem verhasst wären." Dann[2]) audire hoc erat frequentius, etiam ab his qui in castris regalibus militabant, laudare adversae partis fortitudinem, praeferre in eisdem innocentiam causae, quod coacti et nimis inviti hunc sibi laborem assumerent. „Öfter konnte man selbst von denen, welche im kaiserlichen Lager waren, der Gegenpartei Tapferkeit loben und die Reinheit jener Sache dem Dienste vorziehen hören, welchen sie hier gezwungen und mit grösstem Wiederwillen thäten." Schliesslich, nachdem er das herbe Urteil seiner Gegner vorgetragen, überlässt er Gott die Entscheidung[3]): nos interim haec Dei iudicio relinquamus.

Zweierlei also ergiebt sich aus diesen Stellen Ruotgers:

1) Friedrichs Opposition richtete sich vor allem gegen Ottos kirchenpolitisches System.

2) Unter Weltlichen und Geistlichen, selbst unter Parteigängern des Königs, hatte seine Haltung und somit auch die von ihm vertretene Sache Sympathieen.

1) c. 16.   2) c. 17.   3) c. 16.

Ich erinnere[1]) daran, wie Friedrichs Nachfolger Wilhelm,
Ottos Sohn, die Mainzer Opposition Jahre lang fortsetzte,
und an seinen Brief an Papst Agapit, in welchem er gegen
die in kirchlichen Dingen herrschenden Grundsätze aufs
schärfste protestierte. Noch ein anderes Schreiben[2]), welches
ein Priester Gerhard an Erzbischof Friedrich richtete, findet
nunmehr seine rechte Beleuchtung. Der Verfasser kannte
die Stimmung in Mainz, daher durfte er es wagen, seiner
Unzufriedenheit mit den kirchlichen Zuständen so unverhohlen
Ausdruck zu geben. Ein Angehöriger z. B. der Kölner
Diözese würde schwerlich in diesem Sinne an Bruno geschrieben haben. Mit den Schriften von Pseudoisidor und
Pseudodionysius wohl vertraut, klagt er über den unwürdigen
Zustand der Priester: de sacerdotali dispositione, quondam
lucidissima, nunc autem nimis obfuscata. Er fordert den
Erzbischof auf pro posse et nosse elaboretur, ut pristino
lumine decoretur. Das dürfe keineswegs durch Laienhand
geschehen, sondern nur durch die Kirche selbst: sed non
haec laicis iustum corrigere ... sed unum quemque in suo
ordine et amministratione, sicubi in eo quod debet erraverit,
ab aeque potentibus corrigi et dirigi. Non oportet quem-
quam supra dignitatem temptare. Und während Widukind
und Ruotger sich auf Samuel u. a. berufen, um die Vereinigung geistlicher und weltlicher Pflichten zu rechtfertigen,
führt Gerhard die Könige Usia und Saul als abschreckende
Beispiele an, wenn der Laie thue, was nur dem Priester
zukomme: Quid inordinatum Ozias faciebat Deo adolens;
quid Saul immolans? Ozias propter proterviam lepra in
facie percussus, Saul regno privatus. Vor allem legt er
Verwahrung dagegen ein, dass Priester von Weltlichen gerichtet werden. Früher sacerdotes, templum inlicitis vio-
lantes, non ab alio quam ab ipso Domino, flagello de funi-
culis facto, eiciebantur — nunc vero non solum a laicis

1) Vgl. oben 18 ff.
2) Jaffé, Biblioth. III, 338 ff. Über diesen Gerhard wissen wir
sonst nichts. Sicherlich ist er nicht identisch mit dem Verfasser der
Vita Oudalr.

sed a quibusque, infamia pro sceleribus publice notatis, in-
criminantur, damnantur und, unter nicht zu verkennender
Bezugnahme auf Friedrichs eigene Erfahrungen, custodiae
traduntur . . .
War aber Friedrich ein unversöhnlicher Gegner der
Ottonischen Regierungsgrundsätze, so ergiebt sich sein nur
geringer Einfluss auf die Geschäfte des Reichs und der
Kirche von selbst.

Das Erzkapellanat, ohnehin seit des Kanzlers Salomon[1])
Zeiten im Niedergange begriffen, konnte jetzt, seitdem ein
königlicher Prinz zum Kanzler bestellt war und der Erzkapellan sich der Opposition so entschieden zugewendet
hatte, seinem Inhaber nur noch geringe politische Bedeutung
verleihen.

Auch in der urkundlichen Intervention tritt der Zwiespalt zwischen König und Bischof deutlich hervor. Soweit
ich übersehe, leistet Friedrich während der 17 Jahre[2])
seines bischöflichen Amtes nur sechs Mal[3]) Fürbitte, in
zwei Fällen allein und zwar für die Klöster[4]) St. Maximin
und St. Arnolf, in den anderen vier interveniert er mit
anderen Personen gemeinsam zu Gunsten[5]) der bischöflichen
Kirchen von Trier, Cambrai und für die Klöster Waulsort,
Essen. Schliesslich wird noch einmal seines Konsenses[6])

1) Sickel, VII, 96.
2) 973 Juli 9 bis 954 Okt. 25.
3) Der Petent Friedrich DO. 17 wird von Böhmer fälschlich auf
den Erzbischof bezogen. DO. 306 ist von zweifelhafter Geltung.
Nach meiner Meinung um so verdächtiger, als Friedrich hiernach zu
Gunsten Magdeburgs interveniert hätte, was ich für ausgeschlossen halte.
4) DDO. 53, 104.
5) DDO. 72, 81, 85, 100
6) DO. 79. Hierher gehören ausserdem DDO. 14, 76, 105, welche
von der Gründung resp. Dotierung Magdeburgs, Havelbergs und
Brandenburgs handeln. Unter den Bischöfen und weltlichen Grossen,
deren consilium oder consultus zu diesen königlichen Akten gedacht
wird, befindet sich auch Friedrich. Ich halte ihn keineswegs für die
treibende Kraft in diesen Dingen. Vgl. oben S. 23 p, Ob und wie
oft etwa Otto die Mainzer Rechte verletzt hat, indem er bei Regelung

bei einer Schenkung an die Morizkirche in Magdeburg gedacht. Aus dieser geringen Anzahl seiner Fürbitten ist der Schluss unabweisbar, dass Friedrich sich an den Geschäften[1]) des Reichs nur wenig beteiligt hat. Noch etwas anderes, glaube ich, lehren uns diese Interventionen. Sie fallen sämtlich in die Jahre 943 - 948. Berücksichtigt man ferner, dass in eben dieser Zeit unter Mitwirkung Friedrichs die Bistümer Havelberg und Brandenburg gegründet, dotiert und unter Mainz[2]) gestellt wurden, so liegt der Schluss nahe, dass damals zwischen Friedrich und Otto trotz aller prinzipiellen Gegensätze ein leidliches Einvernehmen[3]) bestanden hat.

der Verhältnisse der Kirchen des Mainzer Sprengels Friedrichs Konsens nicht einholte, hat mich viel beschäftigt, ohne dass ich zu sicheren Resultaten gelangt wäre. Das Schwierige dabei ist, dass da, wo die Diplome des notwendigen bischöflichen Konsenses nicht gedenken, durchaus nicht auf ein beabsichtigtes Ignorieren geschlossen werden darf. Es ist z. B. sehr wohl möglich, dass der Konsens in einem besondern Privileg erteilt war. Vgl. Sickel 4,23. Ferner wird dem erteilten Konsens zuweilen durch Berücksichtigung in der Rekognition Ausdruck verliehen. So wird nach Sickel Diplom I, 81 in DDO. 42, 123, 124 ad. vicem Wicfridi rekognosziert, weil es sich hier um Angelegenheiten handelt, zu denen Erzbischof Wicfried von Köln seinen Konsens zu geben hatte. So erklärt sich nach meiner Meinung auch, dass in den zwei DD. für Engern DO. 91, DO 123 Wicfried das eine Mal nicht rekognosziert (sondern der Mainzer), das andere Mal dagegen rekognosziert. DO. 123. erwähnt den Rat der Bischöfe von Paderborn, Münster, Osnabrück: dass der Kölner in diesem Zusammenhange nicht genannt wird, erklärt sich aus der Nennung in der Rekognition. DDO. 5 und 102 bedurfte es auch des Konsenses des Erzbischofs nicht; sie sind daher nicht in Wiefrids Namen unterfertigt.

    1) Ähnlich Erzbischof Wilhelm zur Zeit seines Konflikts mit Otto I. Vgl. oben S. 21.

    2) DDO. 76, 105. Annal. Magdeb. 970: Dudo quoque Havelbergensis et Dudelinus Brandenburgensis episcopi, prius quidem Mogontino archiepiscopo subiecti und vorher zu 939: Mogontini suffraganeos esse constituit.

    3) Gestützt wird meine Ansicht durch die Beobachtung Sickels, dass Friedrich fast für dieselbe Zeit auch in DD. für Lothringen als Erzkapellan figuriert. Diplom I, 81.

Vom 1. October 948 ab erscheint Friedrich nicht mehr
in der Intervention. Auch sonst fehlt für die nächsten drei
Jahre jede Nachricht über ihn. So vermissen wir ihn vor
allem auf dem Reichstage zu Nimwegen [1]. Wir müssen
daraus schliessen, dass in Mainz wieder eine weniger versöhnliche Stimmung eingezogen, und dass sich Friedrich
vollständig vom Hofe fern gehalten hat. Erst i. J. 951
hören wir wieder von ihm: er leistet Otto die schuldige
Heeresfolge nach Italien. Mit Scharfsinn hat[2] Th. Sickel
vornehmlich aus der urkundlichen Recognition zu berechnen
versucht, wann damals der Bruch zwischen Otto und Friedrich
von neuem erfolgte. Er nimmt an, dass die neue Art der
Recognition in DO. 139 vom 15 October Uuigfridus cancel-
larius advicem Brunonis archicapellani recognovi den Erzbischof Friedrich absichtlich ignoriert und dass die Miss-
stimmung des Königs gegen ihn bereits in jene Tage zu-
rückreicht. Ich stimme dem durchaus bei und gehe noch
etwas weiter. Wenn Friedrich an dem italienischen Zuge
teilnimmt, so erblicke ich darin weniger ein Anzeichen einer
neuen Annäherung zwischen König und Erzbischof als vielmehr eine Erfüllung der Lehnspflicht, welche Otto auch
von den Bischöfen aufs strengste forderte und, wie nun
einmal die Entwicklung war, fordern musste. Ich erinnere
ferner an Lamprechts[3] Worte „Otto hatte die Kirche mit
dem Staate eng verschlungen, um durch sie zu herrschen;
wollte er dauernd ihres Beistandes sicher sein, so musste
er den Universalbischof der Kirche in seinen Händen haben“.
Ist aber diese Auffassung der Kaiserpolitik[4] richtig, und

1) DO. 111, Böhmer-Ottenthal 175 a, Dümmler 175.
2) VII, 98 ff.
3) 152. Ich weiche in Konsequenz der oben vorgetragenen An-
sicht von Ottos Politik von Lamprecht nur insofern ab, als ich diese
Absichten Ottos bereits für den Zug 951 annehme. Auch Gundlach
5 ff. vertritt diese Auffassung.
4) Wenn auch Maurenbrecher darin schwerlich recht gehabt hat,
in dem Ludolf. Aufstande eine nationaldeutsche Opposition gegen Ottos
ital. Politik zu erblicken, das Verdienst bleibt ihm unbestritten, den
Gedanken zum ersten Male ausgesprochen zu haben, dass es sich nicht

sie ergiebt sich als notwendige Konsequenz der von Otto
von Anfang an grundsätzlich verfolgten Kirchenpolitik, so
muss man des weiteren annehmen, dass Friedrich von vornherein nur mit Unlust[1]) und Widerstreben an einem Zuge
teilnahm, durch welchen das von ihm so gehasste und bekämpfte System gewissermassen gekrönt werden sollte.
Wohl scheint ihm Otto Vertrauen entgegengebracht zu haben,
als er ihn mit Hartbert von Chur[2]) pro susceptione sui an
den Papst nach Rom entsandte· Allein das völlige Scheitern[3])
der Mission, wodurch er sicherlich, mögen auch die Quellen
schweigen, des Königs Missvergnügen erregte, dazu seine
neue Unzufriedenheit mit der durchaus untergeordneten Rolle,
die er während dieser Heerfahrt im Rate des Königs spielte,
trieben ihn abermals zum Bruche der Lehnstreue: Heimlich[4]),
ohne Wissen des Königs kehrte er noch in demselben Jahre
mit Liudolf über die Alpen zurück.

Ich erinnere nochmals an das Fehlen Friedrichs in
der Intervention, speziell in denjenigen Diplomen, welche
während dieses italienischen Zuges für italienische Empfänger ausgestellt sind. Es sind deren acht[5]) erhalten,
wovon zwei der Fürbitte entbehren. In den übrigen sechs
erscheint Bruno fünfmal als Intervenient, während Friedrich
nicht einmal genannt ist. Nichts spricht schlagender für
bloss um persönliche Differenzen, sondern um politische Motive, um
einen Gegensatz bewusster Prinzipien gehandelt hat. Ich habe wiederholt betont, dass in den Gründen der Opposition keineswegs Solidarität
unter den Rebellen bestand. Bezüglich Friedrichs von Mainz handelt
es sich um ganz andere Fragen und Interessen als bei seinen Ver-
bündeten. Sein Anschluss an die Sache der Aufständischen i. J. 951
war eine neue Reaktion gegen die kirchenpolitische Richtung Ottos.

1) Vgl. oben S. 24.

2) Flodoard 952. Böhmer-Ottenthal 201, Dümmler 199 ff.

3) Inwiefern Friedrich etwa Schuld hatte an der resultatlosen
Gesandtschaft, wissen wir nicht. Ich lehne es ab darüber Vermutungen
auszusprechen.

4) Cont. 951 Tunc Liudolfus dux haec, quae prescripsimus, aegre
ferens inconsulto patre archiepiscopo Friederico comite in patriam
revertitur.

5) DDO. 136—138. 141—45.

das völlige Zurücktreten Friedrichs hinter Bruno als dies.
Wie in Deutschland, so kreuzten sich auch in Italien die
Wege. Bruno war die Seele der Reichsregierung, er besass
nicht bloss in deutschen, sondern auch in italienischen
Dingen den massgebenden Einfluss. Friedrich vermochte
weder hier noch dort auch nur annähernd mit ihm zu konkurrieren. Man begreift die zunehmende Verbitterung des
Erzbischofs, der sich seiner Würde als Primas von Deutschland und als Inhaber des vornehmsten Erzstuhls im Reiche
durchaus bewusst war. Stets waren die Mainzer die ersten[1])
im Rate der fränkischen und deutschen Könige gewesen.
Auf dem Mainzer Stuhle hatte einst Bonifaz, der Gründer
der deutschen Kirche, gesessen. Unvergessen war vor allem
Hattos Pontificat, ohne den nichts Wichtiges im Reiche geschehen war. Die Mainzer hatten unbestrittene Verdienste
um die Neubegründung und Konsolidierung des jungen
deutschen Reichs.

Doch weit schmerzlicher noch als dieser Verzicht auf
politischen Einfluss war für Friedrich der Zustand[2]) der
Kirche. Wie wenig er damit einverstanden war und wie
er es nicht hat verhindern können, dass die Bischöfe mehr
und mehr zu Trägern auch weltlicher Pflichten und Rechte
wurden, sahen wir bereits. So wendete er, weil ihm auf
anderen Gebieten mitzuarbeiten nicht vergönnt war, frühzeitig dem Klosterwesen seine besondere Aufmerksamkeit
zu. Hier durfte er hoffen, ungestört in seinem Geiste wirken
zu können. Hierhin zogen ihn seine eigensten Neigungen.

---

1) Ein Blick in die Regesten der Mainzer Erzbischöfe und in
die Regesta imperii (Mühlbacher) belehrt darüber. Bezeichnend ist
auch, dass Mainz in der Rangordnung der Geistlichen stets an erster
Stelle erscheint, z. B. in den Concilienakten und in den Kaiserurkunden.

2 Auch auf dem Gebiete der spezifisch kirchlichen Verwaltung
konnte Friedrich schwerlich Befriedigung finden. Trefflich führt Hauck
66 ff. aus, wie für die Pflege der Wissenschaften und Litteratur, für
die Bildung des Klerus nur wenig geschah; wie ferner die Synoden
nur selten tagten und sich im wesentlichen nur mit der Erneuerung
älterer Vorschriften begnügten u. a.

denn er selbst gehörte der strengen asketischen Richtung
an. Zudem war ihm durch jenes päpstliche Privileg¹), das
ihn zum Vicar von ganz Deutschland ernannte, zur Pflicht
gemacht ut. ubicumque episcopos, presbyteros, diaconos vel
monachos excessisse repererit, illes corrigere et ad viam
veritatis reducere non amittat. Der Zeitgeist war der Reform-
bewegung²) durchaus günstig, und weder die Gunst der
Fürsten noch die Förderung durch den Episkopat fehlte ihr.
Auch Otto I. hat den guten Willen unter anderem durch
DO. 45, welches die Einführung der Mönchsregel in dem
früher von Kanonikern bewohnten Kloster des h. Arnolf zu
Metz verfügt, bewiesen. Trotzdem sind aber König und
Erzbischof auch hier sehr bald zusammengeraten.

Nur³) Widukind berichtet davon. Dass er, als entschiedener Gegner der Klosterreform, die Bestrebungen
Friedrichs als eine „schwere Verfolgung" der Mönche
charakterisiert, kann uns nicht wundern. Wenn er aber
weiter erzählt, der „hohe Priester habe dies nicht aus reinen
Absichten gethan, sondern um Abt Hadamar, der ihn in
strenger Haft gehalten, auf irgend welche Weise zu ver-
unglimpfen, so möchte ich darin etwas mehr als „Mönchs-
gerede"⁴) erblicken. Wichtiger indessen für uns ist seine
Mitteilung⁵), dass der König für Hadamar gegen Friedrich
Partei ergreift. Hier sind wir in der Lage, mit ziemlicher
Sicherheit zu konstatieren, wie sich Friedrich durch sein
Vorgehen gegen Fulda ins Unrecht gesetzt.

1) Jaffé-Wattenbach 3613.
2) Hauck, Das Kapitel „Die Anfänge der Klosterreform" 242ff.
3) II. cc. 37, 38. Vgl. oben.
4) Hauck 38, 3. Wenn Widukind trotz der oben nachgewiesenen
Rücksichtnahme auf Wilhelm von Mainz dem Erzbischof Friedrich
solche Dinge nachsagt, so halte ich sie schon an sich für glaubwürdig
Vgl. oben.
5) II. 38 Sed huiuscemodi simulationes incassum profusae. Nam
abbas in gratia et amicitia regis permansit, et causis intercurrentibus,
pontifex quod cogitavit non implevet.

Ottos Grundsatz[1]) war es, die Freiheiten der privilegierten Klöster auch gegen bischöfliche Aspirationen zu schützen. Dazu hatte er im vorliegenden Falle um so mehr Anlass, als sich Fulda seit des Papstes Zacharias und des Königs Pippin Zeiten im Besitze sowohl des apostolischen als auch des königlichen Schutzes befand. Und wiederholt[2]) waren diese Privilegien bestätigt worden. Somit besass das Kloster Exemtion von der bischöflichen Gewalt und stand unmittelbar unter der Jurisdiction des römischen Stuhls. Der Einfluss des Sprengelbischofs war also beschränkt auf die üblichen[3]) Actus pontificales, und eine Reform des Klosters gegen den Willen des Abtes und der Mönche war eine gröbliche Verletzung des bestehenden Rechtszustandes.

Auch die Zeit, wann Friedrich diesen Versuch gemacht hat, lässt sich annähernd bestimmen. In dem ältesten Privileg[4]) vom Jahre 751 heisst es: „Wir verbieten, dass ausser dem apostolischen Stuhle kein Priester in genanntem Kloster irgendwelche Gewalt und Ansehen habe, so dass keiner ohne Einladung des Klosterabtes sich unterstehen solle, daselbst ein Hochamt zu halten." Sollte hiernach

---

1) Lacomblet 107, I, S. 63 nos enim periculosa tempora predecessorum nostrorum seu regum intuentes, quorum aliqui quasdam abbatias, que sub tuitione et immunitate imperatorum et regum erant... ad episcopia, seu ad abbatias, seu etiam, quod peius est, laicis dissipandas suo precepto tradidissent. Bezeichnend ist auch Cont. 950 Ruotbertus archiepiscopus pro adquirenda abbatia sancti Maximini multum laboravit, sed Deo propicio non prevaluit. Freilich hat Otto dies Prinzip öfter durchbrochen DDO. 168, 322. 365

2) z. B. Jaffé-Wattenbach 2676, v. J. 859. Nikolaus I; 3529, v. J. 901, Benedikt IV, 3558 v. J. 917, Johann X — DK. 6. DII. 1. DDO 2, 55.

3) Einweihung der Altäre und Kirchen, die Konsekration des Chrismas, die Erteilung der Weihen.

4) Jaffé-Watt. 2298; Dronke, Codex diplom. Fuldensis, n. 4 a.., et ideo omnem cuiuslibet accclesiae sacerdotem in prefato monasterio ditionem quamlibet habere aut auctoritatem preter sedem apostolicam prohibemus, ita ut nisi ab abbate monasterii fuerit innitatus, nec missarum ibidem sollemnitatem quispiam presumat omnimodo celebrare, ut profecto iuxta id quod subiectum apostolicae sedi firmitate priuilegii consistit, inconcusse dotatum permaneat.

6*

jede bischöfliche Gewalt durchaus ausgeschlossen sein, so
erhielt das Privileg[1]) vom Jahre 857 einen Zusatz, wonach
nicht mehr nur der Papst Hoheitsrechte über dasselbe be-
sitzt, sondern ihm der Diözesanbischof koordiniert wird,
dem nunmehr einzig das Weiherecht von Altären zusteht.
Und diese Bestimmung ist in den Fulder Privilegien bei-
behalten worden, bis Papst Marinus[2]) im Jahre 943 wieder
auf das erste Privileg zurückgriff und so den Sprengelbischof
ganz ausschloss. Etwa vier Wochen später urkundete[3])
auch Otto zu Gunsten Fuldas. Er bestätigte von neuem
Immunität und Königsschutz, sowie das ebengenannte Privileg
des Marinus. Ich bringe diese beiden Beurkundungsacte
v. J. 943 in Verbindung mit dem von Widukind berichteten
Vorstoss Friedrichs gegen Fulda. Hier befand sich dieser
i. J. 941 zum zweiten Mal[4]) in Haft: primum honorifice,
sed, cum litteras ab eo scriptas reprehendisset, satis severe
„anfangs ehrenvoll, aber nachdem er (Hadamar) von ihm
geschriebene Briefe aufgefangen hatte, ziemlich strenge".
Ich vermute, dass Friedrich nach seiner Freilassung nunmehr von noch grösserer Abneigung gegen Hadamar erfüllt
etwa i. J. 942, die Angriffe auf die Fulder Freiheiten unter-
nahm. Sie wurden von Hadamar, dem Papst und König
beistanden, glänzend abgeschlagen, und Friedrich musste,
wie die obigen Urkunden zeigen, die Kosten des Anschlags
mit dem völligen Ausschluss aus der Fuldaer Kirche be-
zahlen. Somit hatte Friedrich durch Otto eine neue Nieder-
lage erlitten. In welchem Umfange hierbei auf beiden Seiten
persönliche Motive eine Rolle spielten, vermögen wir nach

1) Jaffé-Wattenb. 2668 et ideo omnem cuiuslibet ecclesiae sacerdotem in . . . monasterio dicionem quamlibet habere aut auctoritatem
praeter sedem apostolicam et episcopum in cuius dioecesi venerabile
monasterium constructum esse videtur, cui licentiam concedimus tantum
cum opportunitas consecrandi altaris fuerit, prohibemus, ita ut . . .
Weiss, Die kirchlichen Exemtionen der Klöster. Basel 1893. S. 45.
2) Jaffé-Wattenbach 3622. Dronke 685.
3) DO. 55 v. J. 943 Mai 24.
4) Vgl. oben.

unserem Quellenbefunde natürlich nicht mehr zu erkennen. Sicher ist, dass solche Vergänge auf das Verhältnis zwischen König und Bischof nicht eben versöhnend wirken mussten.

Ich komme nunmehr auf die Magdeburger Angelegenheiten zu sprechen. Auch hier standen sich Otto und Friedrich als Gegner gegenüber. Seit wann jener sich mit dem Gedanken getragen, in Magdeburg ein Erzstift zu errichten, darüber gehen die Meinungen¹) auseinander. Ich stimme denjenigen bei, welche bereits bei der Gründung des Magdeburger Morizklosters i. J. 937 so weit gehende Pläne voraussetzen. Eine Beweissführung ist, soweit ich die reiche Litteratur übersehe, nach dieser Richtung hin noch nicht versucht worden.

Das völlige Schweigen der Quellen des 10. Jahrh. entscheidet keineswegs dagegen. Ich erinnere²) daran. wie wir über den Stand der Magdeburger Bistumsgründung i. J. 955 und den damit zusammenhängenden Konflikt zwischen Otto und Wilhelm auch nur durch den oben besprochenen Brief an Papst Agapit unterrichtet werden.

Frühzeitig wurde Ottos Blick auf die slavischen Grenzgebiete gelenkt. Im J. 929³) erhielt seine junge Gattin Editha Magdeburg als Morgengabe und künftigen Sitz. Hier⁴)

----

1) Lamprecht 138: „Näher trat Otto dem Gedanken, als es die Erfolge der Magdeburger Klostermission nach einem Jahrzehnt gestatteten, zu Havelberg wie zu Brandenburg zwei zunächst selbständige slavische Bistümer zu begründen". (Giesebrecht 333 nimmt an, dass Otto bereits 937 dies Ziel im Auge gehabt hat. Hauck 109, 1: „Sicher ist, dass Otto den Gedanken 948 noch nicht hatte . . . Ebenso sicher ist, dass er i. J. 955 schon ein fertiger Plan war". Auch Uhlirz 31 widerspricht Giesebrecht u. s. w.

2) Vgl. oben.

3) Dümmler 10.

4) Uhlirz 12. So erklärt sich, dass wir über seine Prinzenzeit nur wenig hören, sowie das Fehlen seines Namens in den Urkunden Heinrichs I. Nur bei der Zuweisung des Wittums an seine Mutter Mathilde DH. 20 wird seines Konsenses gedacht. Es kann sich hier übrigens keineswegs nur um einen privatrechtlichen, sondern vielmehr um einen staatsrechtlichen Akt handeln. Denn nicht blos cum consensu

hat das junge Paar die ersten Jahre seiner Ehe zugebracht,
und hier finden wir Otto, wie die Urkunden erweisen, auch
später mit grosser Vorliebe verweilen. So war er, als er
den Thron bestieg, mit den dortigen Verhältnissen wohl
vertraut und über die hohe militärische und commercielle
Bedeutung Magdeburgs aus eigener Anschauung unterrichtet.
Heinrich hatte die wendischen Gebiete nur erst als Feld-
herr, nicht auch als Staatsmann erobert. Von glühendem
Hass erfüllt, standen sich hier noch Germane und Slave,
Christ und Heide gegenüber. Mit Recht bringt Uhlirz[1])
die Gründung des Magdeburger Morizklosters in inneren
Zusammenhang mit anderen gleichzeitig getroffenen Massregeln. Wenn Otto fast zu derselben Zeit den im Kampfe
erprobten Männern Hermann Billung und Gero, über alle
von anderen sächsischen Grossen erhobenen Ansprüche sich
hinwegsetzend, das politische und militärische Regiment
dieser Gegenden übergab, so sollte die neu geschaffene
Kongregation „zur Unterstützung und Ergänzung der von
den Grafen entwickelten Thätigkeit dienen, die Segnungen
der Kultur und des sittigenden Glaubens den von ihnen be-
zwungenen Slavenstämmen zuzuwenden". Kurz, die Gründung
des Magdeburger Morizkloster war von einem politischen
Gedanken diktiert: die Missionierung der eroberten Wendenlande war von vornherein sein Zweck. Sollte aber die
Stiftung einer so grossen und ausserordentlich[2]) schwierigen
Aufgabe gewachsen sein, dann musste ihr die niedrige
hierarchische Rangstellung nur hinderlich sein. „Machten[3])
die Söhne des h. Moriz auch erfolgreiche Anstrengungen,
den christlichen Glauben unter den Wenden zu verbreiten,

et astipulatione filii nostri Ottonis, sondern auch epsicoporum, proce-
rumque et comitum werden diese Bestimmungen getroffen. Ich schliesse
daraus, dass Otto schon damals der designierte Thronfolger war. Vgl.
dagegen Kehr, S. H. Z. 1891, 410, 2.

1) S. 13.

2) Treffend sagt Hauck 92: „Die Aufgabe (nämlich die Wendenmission) war vielleicht die schwierigste, welche die gesamte Missions-
geschichte kennt".

3 Uhlirz 26.

das Kloster konnte sich dieses Erfolges nicht in vollem
Umfange erfreun: sie arbeiteten nicht für ihr Stift, sondern
für die Bischöfe von Halberstadt und Brandenburg. denen
der von den Neubekehrten zu entrichtende Zehnte zufiel.
Das war nicht geeignet, sie zu aufopfernder Thätigkeit
anzuspornen". Müssen wir also schon aus inneren Gründen
annehmen, dass Otto von vornherein bei der Magdeburger
Klostergründung so weitgehende Pläne im Auge gehabt hat,
so weisen die reichen Schenkungen, welche weit über die
Bedeutung eines Klosters hinausgehen, mit noch grösserer
Notwendigkeit darauf hin. Bis zum Jahr 954 liegen nicht
weniger als 14 Schenkungsurkunden [1]) vor. Auf das reichste
wird das Kloster mit Grund und Boden ausgestattet, dazu
kommen Zoll und Münze und Zehnten im weitesten Umfange
auf deutschem wie auf slavischem Gebiete. Von Anfang an
hat es Königschutz und Immunität besessen. dazu das Recht,
den Abt und den Vogt frei zu wählen. Und dass ihm frühzeitig auch die Gunst der Päpste gelächelt, bezeugen DDO.
37, 79. wonach es direkt unter Rom stand : Romae subiecimus
mundibordio. Schenkungen in solchem Umfange waren un-
erhört: sie galten nicht dem Kloster, sondern dem Erzbistum[2])

1) DDO. 14 16, 21, 37, 41, 43, 46, 63, 74, 79, 97, 159, 165.
Dazu die Bestätigungsurkunde DO. 38.

2) Wenn Hauck 112 aus der ersten Ausstattung: „Der gesamte
Grundbesitz Magdeburgs lag in Deutschland; dass wäre zweckwidrig
gewesen, wenn die Mönche unter den Wenden missionieren sollten"
nur religiöse Gründe für die Stiftung konkludiert und politische Zwecke
ausschliesst, so verweise ich auf die von ihm selbst 112, 136, 143, 149
und auf die von Uhlirz 15, 17, 50 geschilderten Verhältnisse, unter
denen Verleihungen im Wendenlande keinen ständigen Ertrag ge-
währen konnten. Ausserdem hat doch Otto laut DDO. 14, 16 thatsächlich dem Kloster Einnahmen aus wendischen Gebieten eröffnen
wollen durch Verleihung des Zinses und des Zehnten aus dem Verkauf
und Erwerbe in den Gauen Mortsani, Ligzice und Heueldun (Uhlirz 17).
Ich erinnere ferner an das Gründungsprojekt v. J. 955, wonach durch
Verlegung des Halberstädter Bistums nach Magdeburg die reichen
Mittel dieser Diözese eine gesicherte Grundlage für das neu zu
gründende Erzbistum geschaffen werden sollte. Dieser oder ein ähnlicher
Gedanke kann Otto sehr wohl von vornherein vorgeschwebt haben.

Magdeburg. Und so wird man die Nachricht der Annal.[1] Magdeb., mag man sonst über ihren Quellenwert denken, wie man will, nicht anfechten dürfen: Volebat enim ibi sedem episcopalem facere; sed partem parrochiae quae Halberstadensi diocesi subiacebat a Bernhardo eiusdem aecclesiae episcopo quamdiu ille vixit impetrare non potuit. Fundavit ergo inibi regalem abbatiam . . . .

Wir wissen, dass Otto die Ausführung dieses Planes erst 968 gelungen ist. Hindernis auf Hindernis stellte sich ihm entgegen: vor allem der Widerspruch von Mainz. Wie Wilhelm, so hat schon Friedrich energisch widersprochen. Von jenem ist es urkundlich direkt bezeugt, von diesem fehlt ein solcher positiver Quellenbeweis. Doch ein anderes Merkmal ist vorhanden, dass Friedrich und Otto auch in der Magdeburger Angelegenheit nicht harmonierten: das Fehlen Friedrichs in der Fürbitte für das junge Stift. In den 14 zu seinen Lebzeiten für das Morizkloster ausgestellten Urkunden erscheint er nicht ein einziges Mal als Intervenient. Nichts dokumentiert den Widerspruch des Erzbischofs gegen die Absichten und Pläne des Königs deutlicher als dies. Ich erinnere[2] daran, wie auch Wilhelms jeweilige Stellung zu dem Magdeburger Gründungsprojekte in der Intervention ihren unverkennbaren Ausdruck fand: so lange er ein Feind der Sache war, wurde sein Name nicht einmal genannt, sobald er aber seinen Widerspruch aufgegeben hatte, erschien er als der eifrigste Fürbitter für Magdeburg. Sowohl Friedrich wie Wilhelm trifft der Vorwurf grosser Engherzigkeit. Beide waren nicht grossdenkend genug, um das Sonderinteresse ihres Sprengels dem allgemeinen Interesse der Kirche unterzuordnen. Der Geist des h. Bonifaz waltete nicht in ihnen. Für die grossen Aufgaben und Ziele der Mission bewiesen sie nur ein geringes Verständnis.

Wiederholt bereits war von dem Erzkapellanat[3] die Rede. Die erzählenden Quellen bringen hierüber so gut

1) Scriptores 16, 140.   2) Vgl. oben.
3) Vergl. oben.

wie nichts, und dem, was Th. Sickel[1]) auf Grund spezial-
diplomatischer Studien mit seltenem Scharfsinn an das
Tageslicht gefördert hat, wüsste ich Nennenswertes nicht
hinzuzufügen. Ich wiederhole nur, wie die Mainzer nach
der ausschliesslichen Würde für das ganze Reich strebten,
wie aber Otto diesen Ansprüchen um so weniger entsprach,
je beharrlicher jene in der Opposition verharrten. Ja, als
im Jahre 951 der Erzbischof Friedrich von neuem sich auf-
lehnte, trug man kein Bedenken, die Mainzer Rechte ein
ganzes Jahr lang überhaupt zu ignorieren[2]).

Dass die Mainzer Politik bei einem erneuten Vorstoss
auch gegen die Hersfelder Privilegien und Zehnten in
Thüringen durch Otto eine weitere Schlappe erhielt, will
ich später an anderer Stelle darlegen. Schon Dümmler[3])
scheint diese Vorgänge im Auge gehabt zu haben, wenn er
sagt: „Immerhin mag noch daran erinnert werden, dass
Friedrichs dritter Vorgänger Hatto mit Eberhards Bruder,
dem Könige Konrad, eng verbunden, Ottos Vater Heinrich
einst feindlich entgegengetreten war und dass die ausge-
dehnten Besitzungen der Mainzer Kirche in Thüringen damals den Gegenstand des Streites bildeten."

Ich schliesse hier meine Untersuchungen über den Erzbischof Friedrich. Ein zusammenfassendes Urteil über ihn
zu fällen lehne ich ab, da mir die Akten über diesen ener-
gischen Mann keineswegs geschlossen scheinen. Bei der
hervorragenden Bedeutung von Mainz in jener Zeit zeigten
sich, wie wir sahen, die Spuren der Mainzer Opposition auf
den verschiedensten Gebieten. Daher wird auch in Zukunft
jede Untersuchung über diesen „rätselhaften" Mann sich
auf breitester Basis bewegen müssen. So viel steht aber
jetzt schon fest, dass die oben[4]) gefällten Urteile verfehlt
sind. Andererseits bin ich auch mit dem günstigen Bilde,

1) Seine Beiträge zur Diplomatik, vor allem VII, 96 ff. und
Diplom. I, 81.
2) In DO. 132 v. J. 951 Oktober 15 bis DO., 157 v. J. 952
Oktober 15 wird daher wieder nach der alten Formel notarius advicem
cancellarii rekognosziert.
3) p. 99.　　4) pp. 1 und 2.

welches Hauck[1]) von dem Kirchenfürsten entworfen, in verschiedenen Punkten nicht einverstanden. Die Vermittlerrolle, welche Friedrich zwischen dem König und der Opposition gespielt haben soll, und das prinzipielle Vermeiden aller Parteinahme lässt sich, abgesehen noch von inneren Gründen, auch mit dem Befunde unserer Quellen nicht vereinigen. Hauck stützt sich, soweit ich sehe, vor allem auf Widukind. Allein der gerade bezüglich Friedrich so befangene und beeinflusste Geschichtschreiber kann auch nicht annähernd mit dem Continuator, dem vornehmsten und zuverlässigsten Gewährsmann jener Zeit, konkurrieren, um so weniger als dieser z. B. die Vorgänge vor Mainz als Augenzeuge[2] schildert. Er sagt ausdrücklich z. J. 953: Fridericus archiepiscopus Mogontia secessit et civitatem inimicis regis tuendam commisit und durchaus richtig interpretiert Ruotger[3]) diese Haltung des Erzbischofs, wenn er dem Könige die Worte in den Mund legt: qui (Fr.) si subducere se vellet a dissensione, quemadmodum fingit, et bellorum periculo, ut religioso degere posset in otio, nobis profecto et nostrae rei publicae melius id, quod ei regali munificentia contulimus, reddidisset quam hostibus. „Wenn er sich aber wirklich, wie er vorgiebt, dem Streit und den Gefahren des Krieges hätte entziehen wollen, um in geistiger Musse leben zu können, dann würde er in der That besser gehandelt haben, wenn er das, was wir ihm aus kaiserlicher Gnade und Mildthätigkeit gegeben haben, uns und nicht dem Feinde überantwortet hätte". Ein weiterer Bruch der dem Könige schuldigen Lehnstreue war das Verlassen des Heeres in den Jahren 939 und 951. Kurz, seine Entschliessungen in den entscheidenden Momenten entsprechen durchaus den bereits oben citierten Worten des Cont.: „Wo nur immer ein Feind des Königs sich erhob, gesellte er sich sogleich als Zweiten dazu."

1) pp. 34 ff.
2) Vom Cont. als königlichem Notar sind die Dictate von DDO. 166, 168, 169, welche im Lager vor Mainz 953 August 11 und 22 ausgestellt sind. 3) c. 20.

Vita.

Augustus Mittag natus sum Elsterwerdae, quae urbs
sita est in Saxonia provincia, die IX mensis Novembris 1858
patre Julio matre Amalia e gente Muellera. Parentes me
puerum fide imbuerunt evangelica. Prima literarum elementa
a duobus ministerii divini antistitibus didici, deinde
inter alumnos Torgoviensis gymnasii anno 1871 receptus
scholam illam frequentavi per septem annos. Statim et
civibus universitatis Fridericiae Guilelmiae Berolinensis ut
adscriberer impetravi et stipendium in legione II praetoriana
Franciscana merui. Hic quattuor per annos rebus philo-
logicis, historicis, geographicis impendens me applicavi ad
Zeller, Joh. G. Droysen, H. Droysen, Bresslau,
Wattenbach, Mommsen, Curtius, A. Kirchhoff, Vahlen,
Huebner, quibus ex praeceptoribus spectatissimis Mommsen,
Bresslau, Wattenbach, Kirchhoff, Vahlen, sui quisque
seminarii sodalem me esse permisere. Academia a. 1883
relicta cum in privatis studiis me continuissem, a. 1884
pro facultate docendi examen sustinui. Deinde Berolinensi
in gymnasio Werderano aptum me esse ad munera in scholis
publicis suscipienda probavi. Die I. mensis Aprilis 1891
ascriptus sum in numerum praeceptorum gymnasii Ascanii.

www.ingramcontent.com/pod-product-compliance
Lightning Source LLC
Chambersburg PA
CBHW020258090426
42735CB00009B/1128